ROBOTICS AND
HUMAN SCIENCES

今日、僕の家にロボットが来た。

上出寛子
新井健生
福田敏男
［編著］

未来に安心をもたらす
ロボット幸学との出会い

北大路書房

はじめに

人に情報を提供しコミュニケーションを行うロボットや、一人暮らしの高齢者を見守るロボットなど、ロボットは工場を出てわたしたちの身の回りで活躍するようになりました。近い将来に、介護や家事手伝い、仕事場でのサポートなどを行う本格的なサービスロボットの活躍が期待されています。ロボットが人の役に立ち安心して使ってもらえる、さらには人に幸せをもたらすことは可能なのでしょうか。

編者の一人はロボット工学者です。二〇〇〇年代はじめにヒューマノイドの応用研究に携わっていました。この応用研究は、ヒューマノイドが車いすユーザを支援するという内容です。ヒューマノイドは車いすを押し、そしてユーザが手の届かないところにある日用品を代わりに取ってわたすというシナリオでした。人が乗る車いすをヒューマノイドが実際に押してみるという実験を行う時に、研究室の学生に実験参加者となるように依頼をしました。しかし、どの学生も嫌がり参加者になってくれません。仕方なく、ヒューマノイドの動作を作りあげた張本人である若い教員が、みずからが実験参加者となり実験に挑みました。その時のムービーがありますが、その教員がかなりびくびくして不安に感じている様子がよく感じとれます。この時に思ったことは、単に物理的な安全を保証しても、ユーザは必ずしも安心してロボットと接することは難しいかもしれないということでした。これを機に、人にサービスを提供するロボットには、単に安全や技術の向上だけでなく、心理的な要素を分析して不安を与えないロボットを作ることが必要だと気づきました。その後、社会心理学者であるもう一人の編者が研究に加わり、二〇〇九年から文理融合の本格的なヒューマンロボットインタラクションの研究がスタートしました。

一方、先ほどの疑問に対する答えを求めるために、編者らは七年前に、日本ロボット学会のなかに安心ロボティクス研究専門委員会を設置しました。日本ロボット学会は、元々は工学者や技術者の集まりですが、委員会には心理学、社会学、哲学、仏教学、デザイナーの専門家にもご参加いただき、ロボットがもたらす安心や幸福について議論を重ねてきました。委員会はその後、ロボット哲学研究専門委員会、そして現在はロボット考学研究専門委員会へと発展し、ロボットと人との関係をより広い視点から議論をしています。本書はこれらの調査・研究活動に基づく知見の一部を、社会一般の方にもわかりやすくご理解いただくようにまとめられたものです。

特に本書では、ロボットと人との関わりをイメージしやすくするために、お話風のシナリオを随所に入れています。お手伝いロボットとの新たな生活をスタートする、ある一家の物語です。もちろんフィクションではありますが、ロボットとの生活を想像しながら読んでいただくことで、学術的に何が課題となっているのかが、より伝わりやすくなればと願っています。各章をご執筆くださった先生方の専門は多様な領域に渡るものですが、データや技術的な資料も取り入れ、できるかぎりわかりやすく説明するようにしています。また、本書の基盤となった安心ロボティクス研究専門委員会は、その後も名称を変えながら現在も続いており、短いながらもこれまでの歴史や経緯について、最後に解説を設けています。お話風のシナリオを無視して読んでいただくことも可能なのですが、できれば、次から始まるプロローグから読んでいただければ幸いです。

プロローグ

　今日、僕の家にロボットが来た。日曜日の昼過ぎのことだ。妻のサクラと息子の陽太は外出中でいない。インターホンのモニターを覗くと、そこに映った男が言う。

「ホームロボットの設置に来た佐藤デンキです」

　一か月ほど前、僕たちはその店でロボットのリース契約をして、今日がその設置日だった。設置係の男は、ロボット本体と、いくつかのケースを載せた荷台を押してやってきた。

　店で契約したロボットともちろん同じ型ではあるが、天井が低く、広くもない僕の家では、ロボットの印象がどことなく違う。ロボットの身長は一三一㎝、全身が真っ白で、体の表面には指紋がつかないツヤ消し加工がしてある。僕の住んでいるマンションは全館バリアフリーなので、二足歩行型ではなく車輪型でもよかったのだが、二足の方が外出に便利だということと、息子が絶対に二足がいいと言うので、二足にした。その分、月にかかるリース代は五万円ほど高い。ロボットには、家の中での家事の手伝いや、息子の世話なんかをしてもらう。あとは、このロボットが使える指定のスーパーマーケットで買い物を手伝ってもらう予定だ。

　設置係の男は、「ロボットはこのカメラとセンサで田中さんちの状況をずーっと見てるんです」と説明しながら壁や天井にカメラとセンサを取りつけた。設置作業はだいたい一時間くらいだった。

最後に設置係はロボットのお腹あたりにある部品を特別なドライバではずし、電源らしきスイッチを確認した。どうやってその蓋を取ったのかは、一回見ただけではわからなかった。お腹の蓋のなかにあるスイッチは、ロボットを最初に起動する時だけに使う特別なスイッチだそうだ。ロボットの全身には、どこにもネジや取っ掛かりはなく、ふつうの人には分解できないようになっている。

設置係の男は突然、思い出したように僕に言った。

「あ！　このロボットですね、電源を入れたら、すぐに名前をつけないとだめなんです。名前ってお決まりですか？　あとで変更もできますけどね」

そういえば、家族で相談したけれど、名前はなかなか決まらなかったんだ。僕はアトムがいい。妻はアシモがいいという。息子はサイバネティックなんとかとか、よびにくい名前にこだわっていた。

とはいえ、今はとりあえず名前を決めないといけない。

「えーっと……じゃあ……うん、『鈴木先生』にしよう」

鈴木先生は僕の大学時代の恩師で、ロボットではそこそこ有名な先生である。師である鈴木先生に、家事や買い物を手伝ってもらうのは申し訳ない気もするが、とりあえず今は先生の名前をつけておこう。

「……！！　ロボットに先生っていう名前をつけるのはこれが初めてですよ！」

設置係の男はそう言って電源ボタンを押し、名前の設定をすませた。いよいよ鈴木先生が動き始める。

＊　　＊　　＊

ところでみなさんは、このような一家（仮に、田中家としましょう）の状況をどのように思われるでしょうか。近い（あるいはかなり遠い）将来、人間共存型ロボットが完成し、ごくふつうの一般家庭に、ロボットがやってくる時代が到来するかもしれません。実際に、ロボット工学や関連する学問分野では、高精度なサービスロボットの実現に向けて、たくさんの研究が行われています。特に労働人口が減少しつつある日本においては、より多くの女性や高齢者が社会で働くことが期待されており、もし彼らが家の外で働くようになった場合には、この一家のように、家庭で手伝いをしてくれるロボットは必要になっていくでしょう。残念ながら現在の段階では、家庭内で自由に動き回り、手伝い（家事や教育など）を臨機応変にしっかりこなせるロボットはまだできていません。しかしながら、そのようなロボットに必要な技術や環境、社会的制度とは何なのか、人間とロボットのあいだに生まれる信頼、親密な関係とはどのようなものなのかについて、どんどん研究が進んでいます。

本書では、この一家にやってきた新しいロボットの状況を例にあげながら、現在取り組まれている人間共存型ロボットに関するさまざまな研究の成果を見ていきます。本書のタイトルにも入っている「ロボット幸学」とは、文字どおり「ロボットとの共存における幸せとはいかにして実現可能なのか」について考える試みです。このタイトルは二〇一四年にオーム社から出版された森政弘先生（日本ロボット学会名誉会長）の著作である『ロボット考学と人間』に倣ったものです。森先生の「ロボット考学」とは、ロボット技術や人間存在について考える学問で、ロボット工学だけに留まらずロボットと人間の関係について原理的な哲学を議論されています。わたしたちも森先生に倣って、ロボットの工学技術だけではなく、ロボットとかかわる人間や社会のあり方に視野を広げ、特に、ロボットと人間の共存における「幸せ」という視点から議論をしていきたいと思っています。

もちろんこの一家の物語はフィクションです。フィクションではありますが、未来におけるわたしたちとロボットとの幸せな共存を実現するために、さまざまな可能性を考えてみる、よいきっかけにもなります。人とロボットが身近に接し、しかも長期にわたって家族の一員として存在するには、いったいどのようなロボットがよいのでしょうか？　全身の色が白ではなく黒だったらどうなのでしょうか？　そもそも人はロボットを信頼して、一緒に幸せに暮らしていけるのでしょうか？もし自分のロボットが壊れてしまったり、誰かを傷つけたりしたらどうすればよいのでしょうか？有能なロボットは人間の存在価値をそこなったりしないのでしょうか……？

一家を取り巻くさまざまな状況を見て、あなたもきっといろんな疑問が思い浮かぶと思います。人間とロボットの関係を考えるのはロボット工学だけではありません。社会学や心理学、哲学、ひいては仏教哲学など、多様な分野にまたがる、学術的にも挑戦的な試みなのです。最新の学術研究が、人間共存型ロボットの実現をめざしどのような取り組みをしているのか、これから一つずつ見ていきたいと思います。

目次

第1章　～夫・ヒロト編～

ロボットを街に連れ出す

鈴木先生と名づけられたロボットは、起動スイッチを押されると静かにファンの音を出し始めた。そのまま目や胸のランプを時々ピカピカさせながら数分じっとしていたが、やがて顔を少し上に向けて自己紹介を始めた。

「こんにちは。わたしの名前は鈴木先生です。今日、二〇××年八月一八日に、あなたのおうちのお手伝いロボットとしてやってきました。あなたが田中ヒロトさんですね？」

と僕の方を見て言う。僕や家族の顔はすでにデータとして入っているらしい。

「わたしはこれから充電器に移動します。移動してもよいですか？」

「充電器がどこにあるのか、もうわかってるんだね。いいよ、移動して」

すると、鈴木先生は、いよいよ最初の一歩を踏み出して、僕の家の廊下を歩き始めた。設置係の男は帰る前に、何か故障があった場合はここに連絡するようにと言って、『高橋ロボットクリニック』と書かれたパンフレットをくれた。鈴木先生は充電器の上に立ったまま、周りを少しキョロキョロ見ている。ロボットと二人きりになるのは初めてで、どうしたらよいのかよくわからない。とりあえず、何か質問してみることにした。

「ねぇ、何を見ているんだい？」

「ソファやテーブルの場所を確認しています」

「ふーん……　えーっと、じゃあ、今日はずっと晴れなのかなあ？」

「天気予報によると、港区の一二時から一八時は晴れで降水確率は〇％、一八時から二四時は曇りで降水確率は一〇％です」

このまま家にいても話すことが見つからないと思った僕は、ロボットを連れて外に出かけることにした。僕の家の近くのスーパーは、このロボットが利用可能な施設として公式に指定されている。

「ねえ、これから一緒にスーパーまで買い物に行こう。まだフル充電できてないけど、スーパーまで行って、家に帰ってくることはできるかな？」

「はい、大丈夫です。お買い物のお手伝いをします」

鈴木先生と僕は一緒にマンションを出て、海沿いの遊歩道を歩き始めた。鈴木先生は僕の右側のほんの少しだけうしろを歩いている。歩調を合わせてくれているようだ。

「さて、夕飯は何にしようかなあ」

「……今日のお買い得品はオーストラリア産焼肉用カルビです。あとナスとズッキーニなどの野菜がいつもより安くなっています」

「そうか、じゃあ鉄板焼きでもしようかなあ。サクラは肉より魚の方が好きなんだけど」

「ママさんはお肉よりお魚が好きなんですね」

こうやって日常会話から僕らの情報を集めていくのだろう。しばらく歩くと、遊歩道から川沿いの土手の上にある道に上がる階段が見えてきた。土手の道に上がった方が景色がきれいで、僕はいつも上の道を歩く。

「ねぇ、上の道に上がった方が景色がきれいなんだけど、あの道を歩いていくことはできるかな？」

そういうと、鈴木先生は横を向いて土手を見上げた。高さを確認しているのだろうか。しばらくすると僕の方を見て、

「はい、上の道を歩いていっても大丈夫です」

と言った。僕が階段を登り始めると、鈴木先生も着実に階段を登ってくる。無事に二人とも土手の道に上がり、僕がふたたび歩き出すと、鈴木先生はさっきよりも僕の後ろの方をついて歩き始めた。遊歩道よりこっちの方が道が狭いからかなあ、などと考えていたがそこで不意に、ロボットが来た初日早々、外へ連れ出しているのが不安になってきた。外ではロボットが頼りにできるような、環境に設置されたセンサや他のシステムがない。鈴木先生は本当に大丈夫なのだろうか。

「ねえ、こけたり、突然動かなくなったりしないよね？　風がちょっと吹いてるけど大丈夫？　雨が降ったらまずいのかな？」

「**路面環境のセンシングは常に行っています。**障害物があれば回避します。小雨程度であれば大丈夫ですが、雷雨や暴風など耐えられない環境になりそうな場合は、自分で判断して外出しません。今日の天気は大丈夫です。バッテリーもまだ十分あります」

僕はつい立て続けに質問をしてしまったが、**このロボットはすでに何台も売られているんだ。**僕だけが心配する必要なんてない。

しばらく歩くと鈴木先生は、

「スーパーについたら、高速充電器で五分ほど充電させていただいた方がよいと思います」

と言った。急いでないからいいよ、と僕は言った。

＊　＊　＊

ロボットが移動するということ

ロボットを街に連れ出すためには、まずロボットが自在かつ安全に移動できなければなりません。ロボットが移動するには、わたしたちと同じように、目的地を把握することと、そこまでの地図をもっていること、周りの環境を認識すること、地図上の自分の位置を把握することが必要です（図1－1）。

たとえば、第1章のシナリオでは、鈴木先生は充電器まで移動しますが、部屋の地図（間取り図）がなければ、充電器を求めて家中ウロウロ探し回ることになり、充電器にたどりつくまでに、充電切れになってしまうかもしれません。また、部屋の地図をもっていても、自分が今どこにいるか、充電器がどこにあるかが、わかってなければ、やはり同じようにウロウロ探し回らなければなりません。周りの環境を認識するのは、ロボットが自分の位置を認識するためにも、充電器を見つけ出すためにも必要なのです。

さらに、掃除ロボットのような、小型のロボットであれば、家具や壁にぶつかっても、どちらも大きな被害はないでしょうが、この本の鈴木先生のような大きなロボットでは、家具を壊したり、壁に傷をつけたりしてしまうかもしれません。周りの環境を認識することにより、家具や壁にはぶ

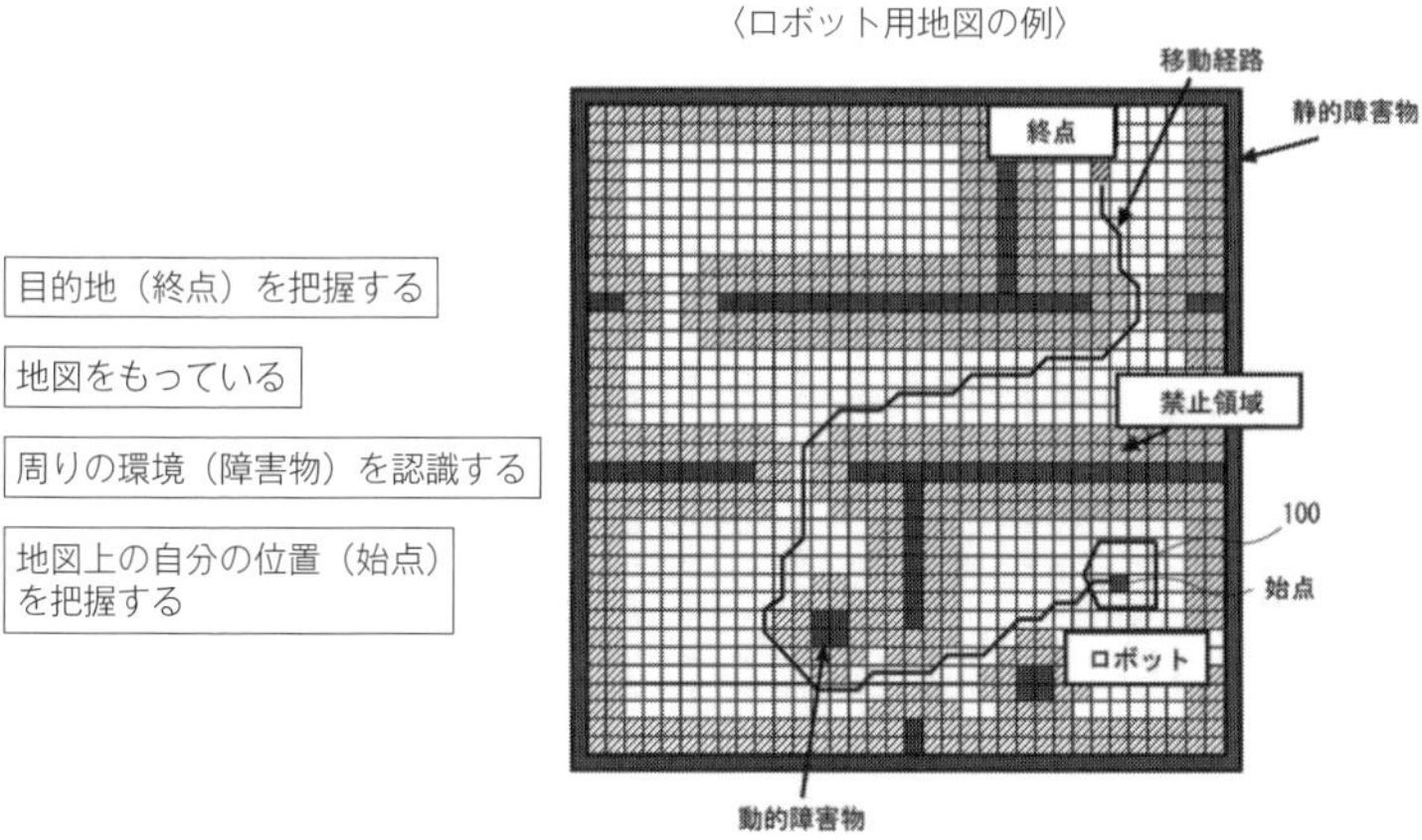

図１－１　ロボットが移動するために必要なものごと

つからず移動することができ、壁ではなくドアを開けて隣の部屋に行けるのです。充電中も鈴木先生が周りを少しキョロキョロして、間取り図に書き込まれていないソファやテーブルの場所を確認しているのも、次に移動するための準備なのです。ロボットが移動する前に、誰かが充電器までの経路をきれいに片づけてくれていれば、ロボットは壁や家具にぶつからないように移動するだけでよいのですが、一般にはロボットが移動する床面の状況も認識する必要があります。サクラの大切なアクセサリが落ちているのに気がつかず、踏んだりしたら、すぐに返品されてしまいますからね。

　鈴木先生は、周りの環境を認識するのに、自分の身体に備わっているセンサと、家の中に設置されたカメラやセンサの両方の情報を使っていました。第4章であらためて述べますが、家の中に設置されたすべてのカメラやセンサを、ホームネットワークを介してロボットに接続し、すべてのセンサのデータを融合することにより、ロボット本体のセンサでは検出できないドアの向こう側や廊下の角を曲がった先にいる人もわかるので、より安全に移動することが可能になるのです。

では、家の外を移動するときはどうでしょう。環境に設置されたセンサやほかのシステムの助けがなくても、ロボット自体に搭載されたセンサによって、路面や階段を認識し移動したり、ほかの人を認識して衝突回避を行ったりすることはできます。もちろんカーナビのように、遊歩道も含めおもな道については地図をもたせることもできますので、家からスーパーまで行くこともできるでしょう。でも、シナリオにあった土手の上は地図にないかもしれません。この場合は、先に行くことはむずかしいので、ヒロトを認識して、彼の右側のほんの少しだけうしろをついて行くのです。こうすれば、迷子になりません。

環境を認識する

ロボットが環境を認識するということは、環境に存在するもの（たとえば室内であれば、人、壁、天井、床、家具など）の形状がどうなっているかを計測することと、それが何であるか（壁なのかドアなのか人なのか）を認識することの両者が必要です。

ロボットが環境を三次元的に計測する手法としては、人のようにステレオカメラで取得した画像を用いる手法（ステレオビジョン法、図1-2）、パターン光を投影してそれをカメラで計測する

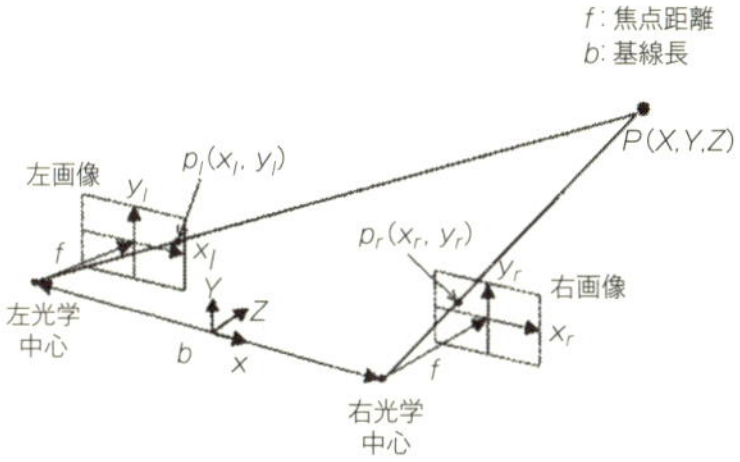

図1－2　ステレオビジョン法の原理

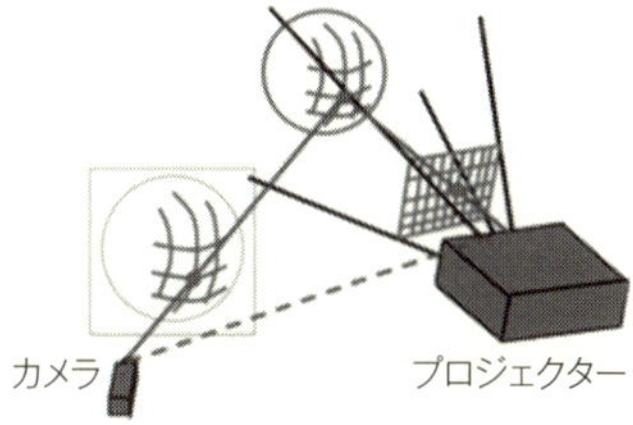

図1－3　パターン投影法の原理

（a）Kinect™　　（b）北陽電機 UTM-30LX

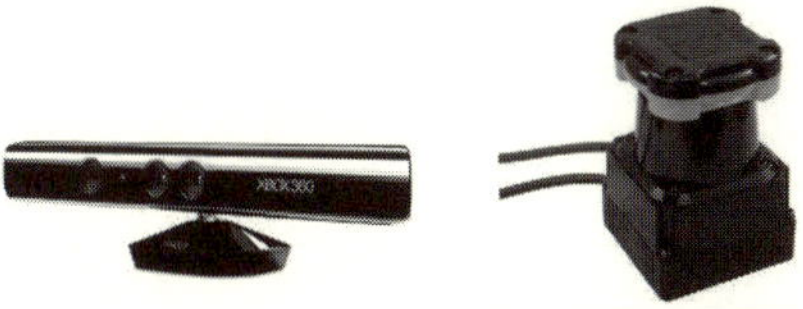

図1－4　ロボットに搭載されている三次元環境計測センサの例

手法（パターン投影法、図1‐3）、音波や光（レーザー）を照射して環境に反射して戻ってくるまでの時間を計測する手法（Time of Flight 法）などがあります。二〇一〇年にマイクロソフトから発売された Kinect™[*1] は、カラー画像（RGB画像）とパターン投影法を用いて深度情報（センサからの距離情報、Depth 情報）が獲得できるRGB‐Dセンサです。その価格の安さから、多くのロボットに搭載されました。移動ロボットや自動運転の車には、マイクロ波やレーザーを用いた Time of Flight 法を用いた三次元環境計測センサが搭載されています（図1‐4）。

　いずれの方式にしても、環境は各計測点の集合である点群（ポイント・クラウド）として計測されます。点群が得られたら、点のまとまりを見つけて、床や壁、人や車などに分

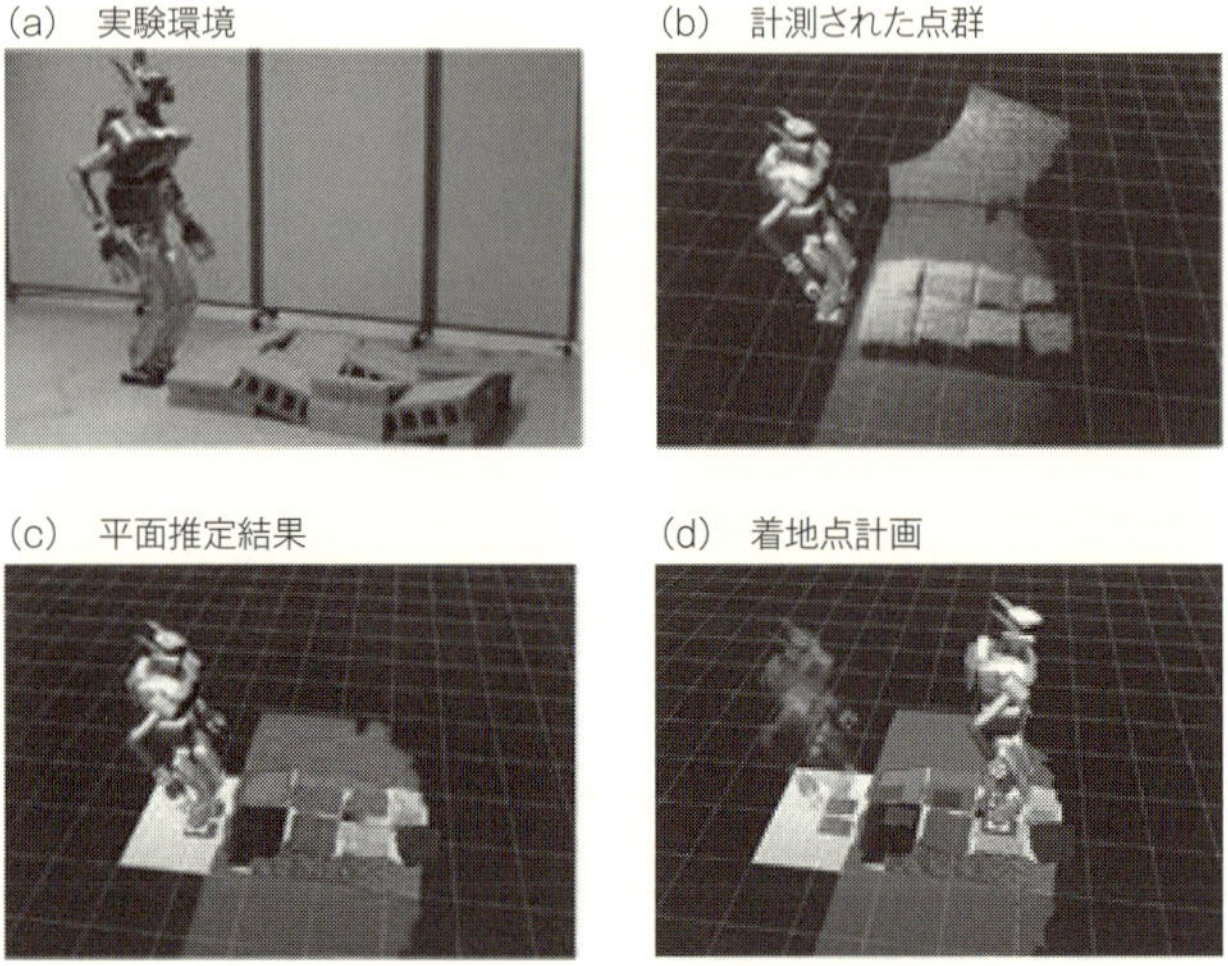

図1－5　HRP－2改の環境認識

類し、三次元環境を認識します。この結果に基づき、ロボットはみずからの行動を計画するのです。

図1-5は、産業技術総合研究所のヒューマノイドHRP-2改が、環境を計測した結果を示したものです。(a)のように、HRP-2改の前に、コンクリートブロック製の不整地を置いて、HRP-2改の頭部に取りつけたパターン投影法のRGB-Dセンサで環境計測した結果が(b)です。細かい点の集合として、環境が計測できています。このデータに対して、点の集まり具合から平面を推定してはめ込んだものが(c)です。この環境モデルに対し、歩く先を(d)のように決めると、足を着く位置が自動的に計画されます。これを実際のロボットに司令することで、ロボットは初めて歩く道でも歩行することができるのです。

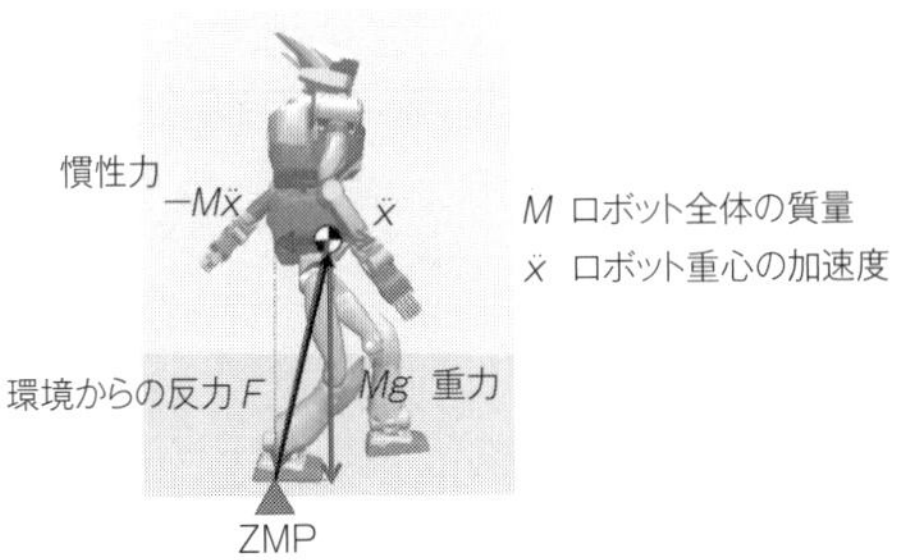

図１－６　二足歩行ロボットに作用する力

鈴木先生のような二本足で歩くロボットが、転ばないためには安定性を確保することが必要です。わたしたち人間にもロボットにも、歩行するときには、一般に重力、慣性力、環境からの反力の三つの力が作用しています（図１－６）。このなかで重力や環境からの反力はみなさんご存知かと思いますが、慣性力とは質量のある物体が加速または減速することにより、その加速度と反対の方向に生じる力です。立ち止まっているときのように、慣性力がなく、人やロボットの重心の地面への投影点が足裏のなかに配置され、重力と地面からの反力がつりあっているときは、静的な安定性が確保されています。この静的な安定性を確保したまま歩く歩き方を静歩行といいます。人だと、「抜き足、差し足、忍び足」とよばれる歩行です。静歩行の場合は、いつ運動を停止しても倒れることはありませんが、重心投影点が足裏のなかから外れることがないため、ゆっくりとしか歩くことができません。逆に重心投影点が足裏のなかから外れると、転倒してしまいます。

これに対し、わたしたちが通常行っている歩行は、動歩行とよばれ、慣性力と重力の合力が地面からの反力につりあう歩行です。

動歩行は、重心投影点が足裏から外れても、慣性力をはたらかせ、重力と慣性力の合力を足裏のなかに留めることにより転倒を防止するのです。地面からの反力の中心点（その点周りの転倒を供するモーメントがゼロとなる点）をＺＭＰ（Zero Moment Point）とよびます。

鈴木先生が、足を着く位置を計画したあとは、片足で立っているときは、その足裏のなかに入るように、両足で立っているときは、両方の足裏を結んだ領域に入るように、ＺＭＰの軌道を計画します。そのあと、それを実現するような、重心運動や足の運動を生成するのです。部屋のなかを移動するときは、これで大丈夫です。しかし、土手の上の砂利道を歩くときには、いくら地面を事前に計測しても、歩くときには微妙に地面が変形して、転びそうになってしまいます。このようなときには、足裏を回転させ踏ん張るとともに、胴体を転びそうな方向に加速して慣性力により体を起こし、転倒を防止します。胴体の運動が大きく変更された場合は、次に足が着く位置を変更し、つじつまを合わせます。

ロボットの安全規格・認証

鈴木先生のように、人の生活環境で人とともに活動するロボットは、人に対する安全性が十分に備わっていることが必要不可欠です。これを客観的に証明するのが、安全認証です。たとえば、おもちゃには一般社団法人日本玩具協会の自主規格である玩具安全基準（ＳＴ基準）があり、適合したおもちゃにはＳＴマークが表示されています。また、ＥＵで販売される製品で安全基準条件を満たしているものにはCEマークが表示されています。では、ロボットの安全規格はどうなっているのでしょうか？

工場で働く産業用ロボットに関しては、国際規格（ISO10218-1およびISO10218-2）が制定されています。鈴木先生のように、日常生活を支援するロボットに関しては、日本が主導した国際規格（ISO13482）が制定されています。

このISO13482では、以下の流れに沿って安全検証を行うことが要求されています。

①機械類の安全性を確保するための国際規格（ISO12100）を適用したリスクアセスメントの実施

②安全要求事項に対して、本質安全設計、保護方策、使用上の情報（マニュアルに記載）の3ステップでリスク低減プロセスの実施

③保護方策に制御を使用する場合は、機械の安全性─制御システムの安全関連部：設計のための一般原則に関する国際規格（ISO13849-1）に基づき単位時間当たりの危険側故障発生確率が要求パフォーマンスレベル（PL）を満足しているか、機械類の安全計装システムの実装に関する国際規格（IEC62061）に基づき安全健全性レベル（SIL）が要求レベルを満足しているかを検証

④各種試験を実施し、妥当性を確認

⑤マニュアル等に使用上の情報を明記

鈴木先生のような新しいロボットは、事故やヒヤリハットなどの情報の蓄積が少なく、ロボットの用途、目的、使用環境などによりリスクが許容できるかどうかが異なるため、リスクアセスメントをどのように行うかが重要なポイントになっています。妥当性を確認する各種試験を実施する施設としては、茨城県つくば市の「日本自動車研究所」があります。人や物にぶつかる前にロボットが停止や衝突回避ができるかを試験する走行試験、もしロボットが人にぶつかったときに人にどれだけの危害が及ぶかを計測する試験を行う対人試験、ロボットに十分な強度が備わっているかを試験する強度試験、ロボットが電波を受けたときに誤動作しないかおよび、ロボットが有害な電波を発しないかを試験するEMC試験により生活支援ロボットの安全性試験評価を行っています。生活支援ロボットが、ISO13482に適合していることは、日本国内では一般財団法人日本品質保証機構が認証しており、認証マーク（図1-7）を発行しています。

製品認証を取得したロボットには①、②の認証マークに加えて③をつけることができます。

図1-7　ISO13482認証マーク

ロボットを外に連れ出すための手続き

安全に街を歩けるロボットができたら、すぐに連れ出せるかというと、現状はそうではありませ

図１－８　つくばモビリティロボット実験特区での実証実験の様子

ん。ロボットを街に連れ出すには、超えなければならないハードルがあるのです。

たとえば、つくば市では二〇一一年から、つくばモビリティロボット実験特区に認定され、幅員（道幅）がおおむね三m以上の歩道[*2]で人が乗って走るモビリティロボットの公道実証実験（あくまでも実証実験）を行っています（図1-8）。このつくばモビリティロボット実験特区において、モビリティロボットを街に連れ出すためには、次の手続きを踏む必要があります。

①ロボット特区実証実験推進協議会の「普通会員」に入会する

②関東運輸局へモビリティロボットの保安基準緩和の申請を行う

③つくば市市民税課へ課税標識（ナンバープレート）の申請を行う

④自賠責保険及び任意保険に加入する

モビリティロボットの場合は、車両の保安基準をベースとしていますが、鈴木先生のようなロボットは、人が搭乗するわけではないので、車両の保安基準とは異なる形で、「市民の安全の確保、および一般の人に迷惑をかけないための方策」を取らなければなりません。

自動車において、道路運送車両法で検査（車検）に合格し、登録（ナンバーの交付）したものでなければ、道路を走らせることはできないのと同様に、ロボットについても、安全のための遵守事項を定め、この遵守事項を満たしているロボットのみが、街中で移動することができるようにしなければなりません。しかし、二〇一九年現在、国として自律的に移動できるロボットに関する安全のための遵守事項は定まっていません。「つくばチャレンジ」では、「安全のための遵守事項」と「社会への受け入れと理解を得るための遵守事項」を定めています。

安全のための遵守事項としては、ロボットのサイズ（進行方向の横幅七五cm以内、長さ一二〇cm以内、高さ六〇―一五〇cm以内、重量一〇〇kg以下）、移動速度（時速四km以下）、非常停止スイッチの設置（ソフトウェアを介さないで動力供給を断ち停止させ、オペレータの操作により動作が再開できるもの）、ロボットの形状（危険な突起部分等を有しない形状、子どもの手足を巻き込む恐れのない構造、高温あるいは感電の恐れのある露出部を有しないこと）が定められています。

社会への受け入れと理解を得るための遵守事項としては、ロボットナンバーの表示、走行時の無線による操作の禁止、非常停止の簡単な走行再開指示、騒音や振動を発生しない、環境への調和を配慮した設計・デザイン他が定められています。

なぜ、走行時の無線による操作が禁止されているのでしょうか？　ロボットには社会から実力以上の期待をもたれることが多く、無線操縦で動いていても自律的に動いていると感じる人が存在します。つくばチャレンジでは実験時に、ロボットが自律的に動いているかどうかを、周りにいる市民が明確に理解できるようにし、そのような誤解を避けて技術への理解を助けるため無線による操作が禁止されているのです。

安全のための遵守事項を満たしているロボットを走行させるときには、必ず非常時のための安全・操作要員（ロボットのオペレータ）と安全管理責任者の計二名が随行することが求められています。それ以外のロボット開発スタッフが、ロボットから五ｍ以内に近づくことは、他の歩行者の迷惑になるケースもあるため禁止されています。

＊注

＊1　二〇一七年に生産終了

＊2　幅員がおおむね三・〇ｍ以上の自転車歩行者専用道路または普通自転車歩道通行可の交通規制が実施されている歩道

コラム1 メンタルケアをするアザラシ型のコミュニケーションロボット

人と共存し、ペット動物のように、ふれあいにより楽しみや安らぎを提供するコミュニケーションロボットをメンタルコミットロボットとよびます。アザラシ型メンタルコミットロボット「パロ」は一般家庭におけるペットや、医療福祉施設でアニマル・セラピーの代わりとなる「ロボット・セラピー」を目的に開発されました[1]。

パロの外観は、次頁の写真のようにタテゴトアザラシの赤ちゃんをモデルにしており、人間の赤ちゃんを連想するような大きさで重さは約二・五kgです。身近ではない動物をモデルにすることにより、先入観なく受け入れられるという利点があります。白くやわらかな人工の毛皮で覆われており、病院などでの使用のため、毛皮には制菌加工や抜け毛防止加工などを施してあります。また、心臓のペースメーカー利用者でも安全なように電磁波を外部に漏らさないための電磁シールドを施しています。おしゃぶり型の充電器や一か所のスイッチのみで操作でき、誰でも簡単に扱えます。パロはセンサとして、頭部に光センサ、マイク、全身を覆うやわらかな触覚センサ、本体に姿勢センサ、体温を一定に保つ温度センサを内蔵しています。七つのモータにより、左右まぶた、首の上下・左右、左右前足、うしろ足が動きます。音声は本物の

アザラシ型メンタルコミットロボット「パロ」

アザラシの赤ちゃんの鳴き声を複数用いて、さまざまな感情を表します。そして、人工知能により、人とのふれあいや自分の名前、あいさつを認識し、名前や行動の学習を行うなど、本物の動物のようにふるまいます。

古くから動物とのふれあいは人にさまざまな効果をもたらすことが知られており、その効果を医療福祉に応用したアニマル・セラピーが、欧米を中心に行われています。心理的効果（リラックス、動機の増加、など）、生理的効果（バイタルサインの改善、など）、社会的効果（コミュニケーションの増加、など）の三つの効果があると言われています。しかし、動物アレルギー、人畜共通感染症、噛みつきや引っかきなどの問題から日本の多くの医療福祉施設は動物の導入を認めていません。

これに対して、アニマル・セラピーにおける動物の代わりとして、動物型ロボットを用いる心のケアを「ロボット・セラピー」とよびます。安全かつ衛生的で患者・利用者の状態や希望に合わせて、いつでも実施できる利点があります。これまでに、国内外の小児病棟や高齢者向け施設などの医療福祉施設において、パロを用いたロボット・セラピーの実証・臨床実験が行われています。たとえば、手術後や小児がん等の中長期入院患者、自閉症患者やダウン症患者に対して、心理的に元気づけたり、退院意欲を向上させたり、コミュニケーション能力を向上させたりなどの効果がありました。パロとふれあうことで、半年間ほど食欲も笑顔もなかった男の子が、食欲を取りもどし、笑顔で会話するようになったり、夜泣きしていた子がパロと一緒に寝ることで、安心して眠れるようになったりなどの事例がありました。

高齢者を対象とするロボット・セラピーは、国内外の施設で実施されています。最も長期的な実験では一〇年以上にわたる実験により、動機づけ、気分の向上、うつ状態の改善、尿検査によりストレスの低減が確認されました。高齢者どうし、介護者との会話が活発になるなどの効果や、介護者の心労が低減する効果がありました。特に認知症高齢者では、徘徊や暴れる・叫ぶ等の問題行動が減少し、介護の負担を大幅に軽減しています。特に欧米では問題行動を抑えるための抗精神病薬の投薬回数が、パロにより大幅に低下しました。また、オーストラリアでは、これらパロの効果をより客観的に評価するため大規模な治験も実施されています。

現在、パロは世界で五〇〇〇体以上が活躍しています。一方、ロボット・セラピーは新しい分野であり、その普及には教育や社会制度との連携が欠かせません。

たとえば、デンマークでは約八〇%の自治体でパロが利用されており、介護者がパロを活用す

パロとのふれあいの様子

るための人材教育プログラムを開発し、パロを導入する施設はその受講とライセンス取得を義務づけています。同様のしくみは、他のヨーロッパ諸国に広まりつつあります。また、ドイツでは訪問介護サービスにおけるパロの利用が保険の対象となっています。アメリカではＦＤＡ（食品医薬品局）がパロを医療機器として承認し、医療福祉施設で利用されています。シンガポールでは認知症ケアを目的に福祉施設がパロを導入する際、その費用の最大全額が補助されています。

国内では、神奈川県が介護ロボット普及・推進活動として施設の介護者を対象に毎月パロの研修会を実施しています。また、岡山県岡山市は総合特区の取り組みとして、介護保険を利用して借りることができる「福祉用具」にパロを認定し、認知症の方の問題行動の緩和や家族の介護負担の軽減などの効果を検証しています。

このように、社会制度へのパロの組み込みは海外が先行しており、今後、日本でも同様にしてパロの活用が進むことが期待されています。

第2章　～夫・ヒロト編～

ロボットとスーパーで買い物をする

　スーパーに到着すると、鈴木先生は僕に断って、ホームロボット用の充電ブースで充電を始めた。僕は近くのベンチに座って待つことにした。店の入り口付近では、スーパーで働くロボットたちが、ティッシュつきの広告を配っている。鈴木先生に比べると、彼らはずっと旧型なのだろう。**ロボットたちは人が通るたびに必ずそのティッシュ付きの広告を差し出すが、ほとんどの人が素通りしてしまい、失敗に終わっている。**でも昔はこんなロボットばっかりだったんだよなあ。最初のうちはみんながロボットをめずらしがるから、**人だかりができて邪魔**だった。それが今では誰も見向きをしなくなって、広告を渡せないまま右往左往するロボットが結構いる。

　鈴木先生が充電を終えて、僕のところにやってきた。

「ねえ、今さ、うちの冷蔵庫のなかに何が入ってるのかわかるかな」

「すみません、家のなかの情報をまだ十分に取得していません。ただし、わたしは冷蔵庫のなかの状態を常に把握できるようになっています。今度のお買い物からは大丈夫です」

　鈴木先生が買い物かごを取りに行くと、子どもたちが何人か鈴木先生のところに集まってきた。**鈴木先生はその子どもたちのあいだをうまくすり抜けて、僕のところへもどってくる。**

　僕たちは野菜売り場でピーマンや玉ねぎを買ってかごに入れた。かごは鈴木先生が持ってくれている。

「あれ、精肉売り場は混んでるなあ。今日は特売日だからだね。僕がちょっと見てくるから、このあたりで待っててくれる?」

「はい、わたしはこのあたりでお待ちします」

精肉売り場はおばちゃんたちでごった返していたが、うしろをふり返ってみると、ほかのおばちゃんたちが鈴木先生を取り囲んでいる。新しいロボットだからきっとめずらしいのだろう。**鈴木先生は通路の邪魔にならないところに移動して、おばちゃんたちの相手をしている。**僕が精肉売り場で用事をすましてもどってくると、鈴木先生もこっちへやってきた。

「中高年の女性にもてるんだねえ」

おばちゃんたちに背を向けて歩きながら鈴木先生に言った。

「うちにもほしいわ、と言われました。お肉は手に入りましたか」

人に好かれるとロボットも嬉しいのだろうか。いや、そんな単純に感情を振り回されたりしないはずだ。愛着や憎悪を乗り越えたところに真の平安がある。ロボットはきっとその象徴なんだ。

＊　＊　＊

ヒューマンロボットインタラクション

人に見かけや動きが似た「人らしい」ロボットを見ると、わたしたちは直観的に「きっとこのロボットは人のような能力をもっているのだろう」と思いがちなようです。しかし、実際には、人が生まれながらにもっているような能力は、ロボットには元々は備わっていないのです。特に、ロボットが人とかかわる場面では、こういった能力の欠如が顕著に表れてくるようです。一見すると「人らしい」ロボットが、まるで人とは違った失敗をしてしまうのです。こういった問題に対処して、ロボットがうまく人とかかわれるようにするための技術を、ヒューマンロボットインタラクション技術とよびます。人とかかわり合うことを「インタラクション」とよびますので、これは、そのまま人（ヒューマン）とロボットがかかわり合うための技術、という意味です。適切なヒューマンロボットインタラクション技術を作り、ロボットに備えつけないと、うまくロボットが動かない多くの場面が出てきます。この第2章では、いくつかの代表的な研究例を取り上げて、ヒューマンロボットインタラクション技術とはどういったものか、見ていきましょう。

人にアプローチするロボット

スーパーの入り口では旧型のロボットがお客さんに広告を渡そうとして失敗していましたが、ロボットが人に話しかけに行く、という場面をあらためて考えてみましょう。困っている人に声をかける、客引きのように店舗の広告を話す、など、ロボットが人に話しかけに行くさまざまな場面があると思います。そのとき、ロボットはどういう行動をする必要があるでしょうか？　一昔前のロボットは、周囲の人の位置もわからなかったので、これはたいへんむずかしい問題でしたが、最近ではようやくセンシングの技術も進んできているので（コラム2や第4章参照）、ロボットは周囲のどこに人がいるか、わかるようになってきました。わたしたち、人間の場合だと、人の位置がわ

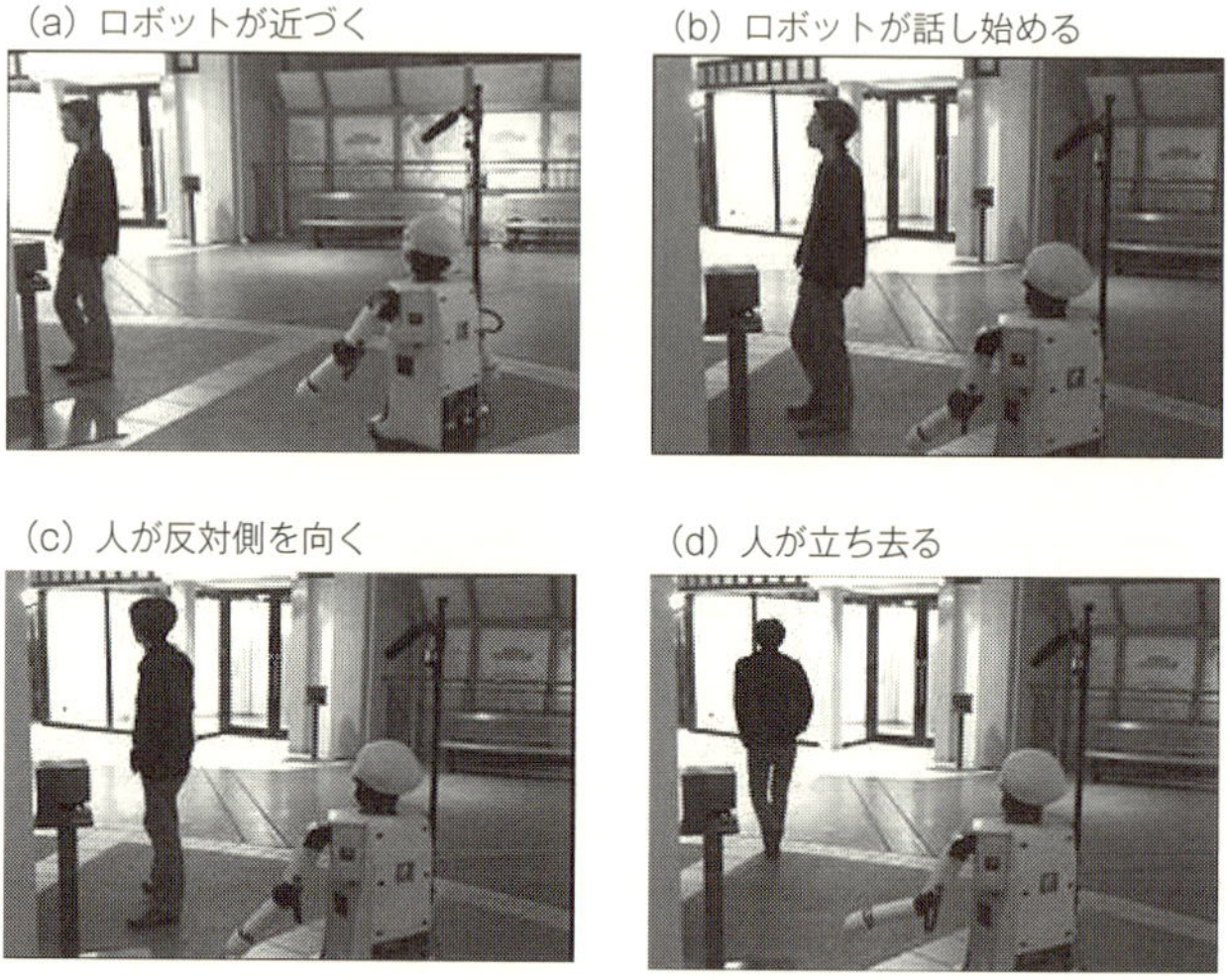
(a) ロボットが近づく
(b) ロボットが話し始める
(c) 人が反対側を向く
(d) 人が立ち去る

図2-1　ロボットからのアプローチが「無視」されてしまった失敗例[1]

かったのであれば、「じゃあ、近づいて話しかけます」と思うかもしれません。そして、「話しかけよう」と思ったら、無意識のうちに、うまく話しかけに行くことができるでしょう。そのときの一挙一動、手足をどのように動かして、頭はどっちを向けて、なんてことを考える人はいないと思います。でも、ロボットの場合、そうはいかないのです。

図2-1と図2-2は、何も考えていないロボットが人に近づこうとしたときの動きの例です。すこし騒がしいショッピングモールのなかで、初対面のお客さんに話しかけようとしています。具体的に、ロボットがどういう行動をしていたかというと、対象の人物の位置座標に向かって、とにかくまっすぐに向かっていく、そして近くまで来たら話しかける、という行動をしています。しかし、残念

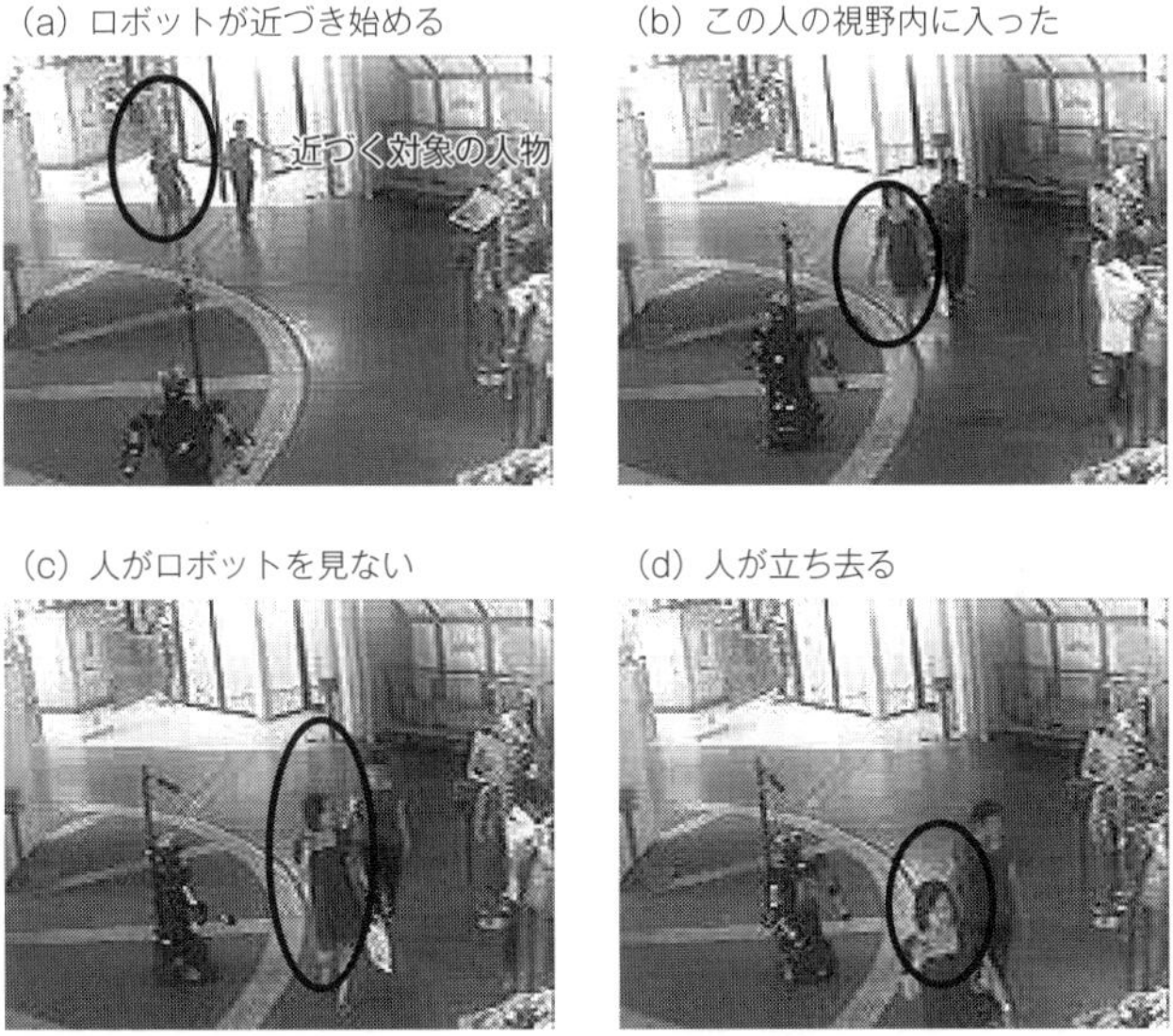
(a) ロボットが近づき始める
近づく対象の人物
(b) この人の視野内に入った
(c) 人がロボットを見ない
(d) 人が立ち去る

図2-2　ロボットからのアプローチが「気づかれなかった」失敗例[2]

な結果ばかりです。図2-1の例では、近づいて行って話しかけたのに無視されてしまっています。図2-2の例では、気づいてもらえません。いったい何がまずかったのでしょうか？

わたしたち、人間がほかの人に話しかける場合をよく考えてみると、このロボットのような動きはしていないのです。相手の人に話しかけよう、と思ったとき、その人の方に向かっていくなかで、自然と、前から、目と目を合わせるように近づいていっていると思います。騒がしい場所で知らない人を相手にした場合はなおさらそのようにふるまうでしょう。

この研究例[1]でも、センサによって人の位置を検出し、その一歩先の行動を予測したうえで、図2-3の(a)に示したように、人がその先どちらに歩いていくのか、進路を予測し、うまく前から話しかけることができるように行動することで、話しかけがずいぶんうまくいくようになったことがわかりました。

うまくチラシを配るには？

今度は、ロボットが歩いている人にチラシなどを配る、という場面を見てみましょう。駅や道端、ショッピングモールなどでも、ポケットティッシュやチラシ、クーポンなどを配っている場面をよく見かけると思います。近い将来、そういう仕事もロボットがやるようになるかもしれません。みなさんだったら、こういった仕事、すぐにできそうでしょうか？　向こうから人がやってきたら、「はい、

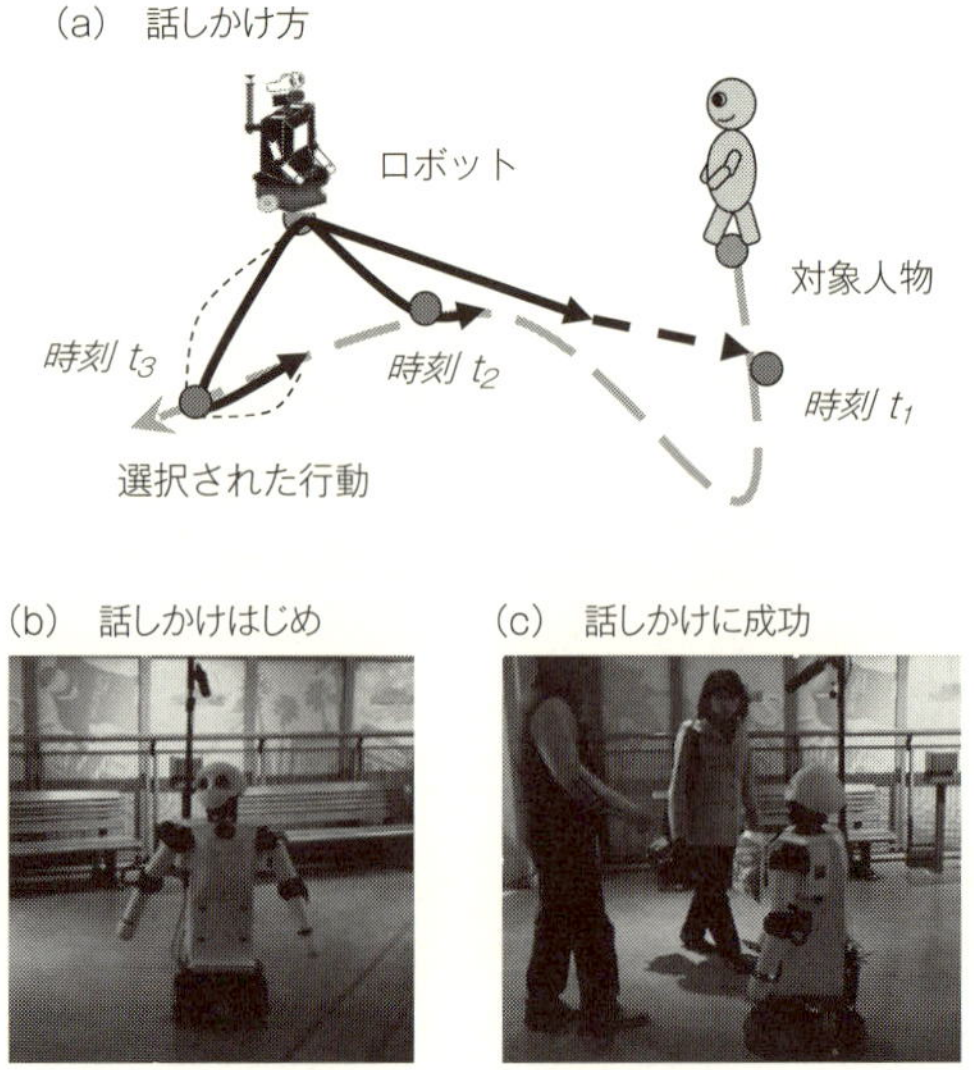

図2-3　人のように正面から話しかけに行くロボット（(a) は [1] より）

(a)　チラシを配りに行く
(b)　チラシを差し出す
(c)　人が飛びのいてしまった

図2-4　チラシを配るのに失敗してしまったロボット

どうぞ」と渡すだけの簡単なお仕事なのでしょうか？

実際、ロボットにやらせてみたところ、またもや、ロボットは失敗してしまいました。図2-4は失敗した場面の一例です。ロボットは、今度も、対象の人物の位置座標に向かって、とにかくまっすぐに向かっていく、そして近くまで来たら手を伸ばして渡す、という行動をしています。この場面では、ロボットが手を伸ばしたところ（図2-4(b)）、歩いてきた人が驚いて、飛びのいてしまいました（図2-4(c)）。ほかにも、ロボットが近づいてきただけで避けていってしまう人も多く出ました。今度は何がまずかったのでしょうか？

実は、チラシを配る、というのは人間

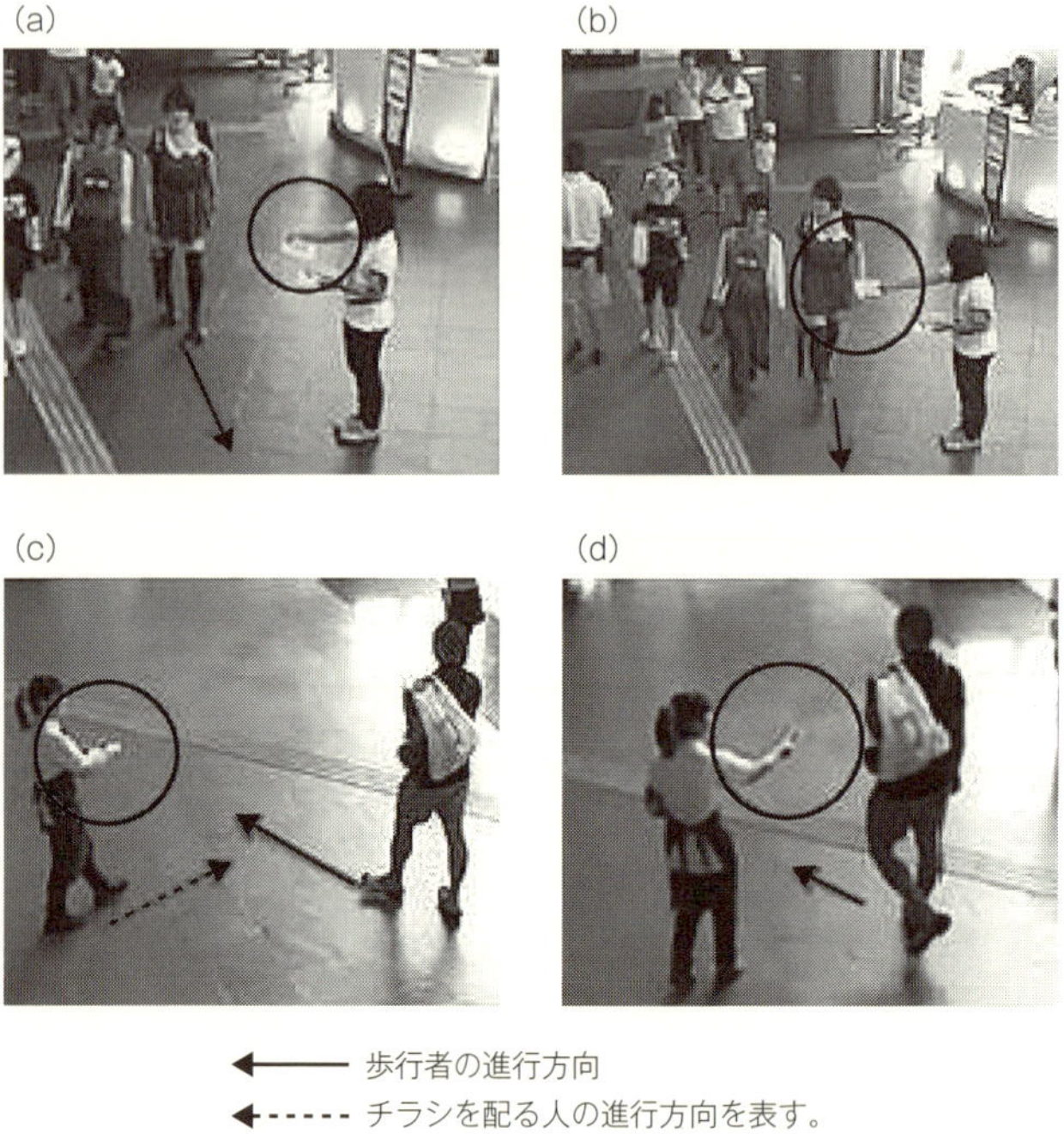

図2-5　チラシを配るのが下手な人（a）（b）とじょうずな人（c）（d）[2]

にとっても、必ずしも簡単な仕事ではないようです。いろいろな人がチラシを配っているところを分析してみると、人によってはわずか一割程度の成功率でしかチラシをもらってもらえない人もいれば、中には七割以上の成功率でチラシをもらってもらえる人もいました。その違いがわかる一つの例を図2-5に示します。図2-5(a)(b)は、一割程度でしかうまくいかない人の例です。決まった場所に立って、手を伸ばしたまま、誰かがチラシをもらってくれないか、と待っています。こう

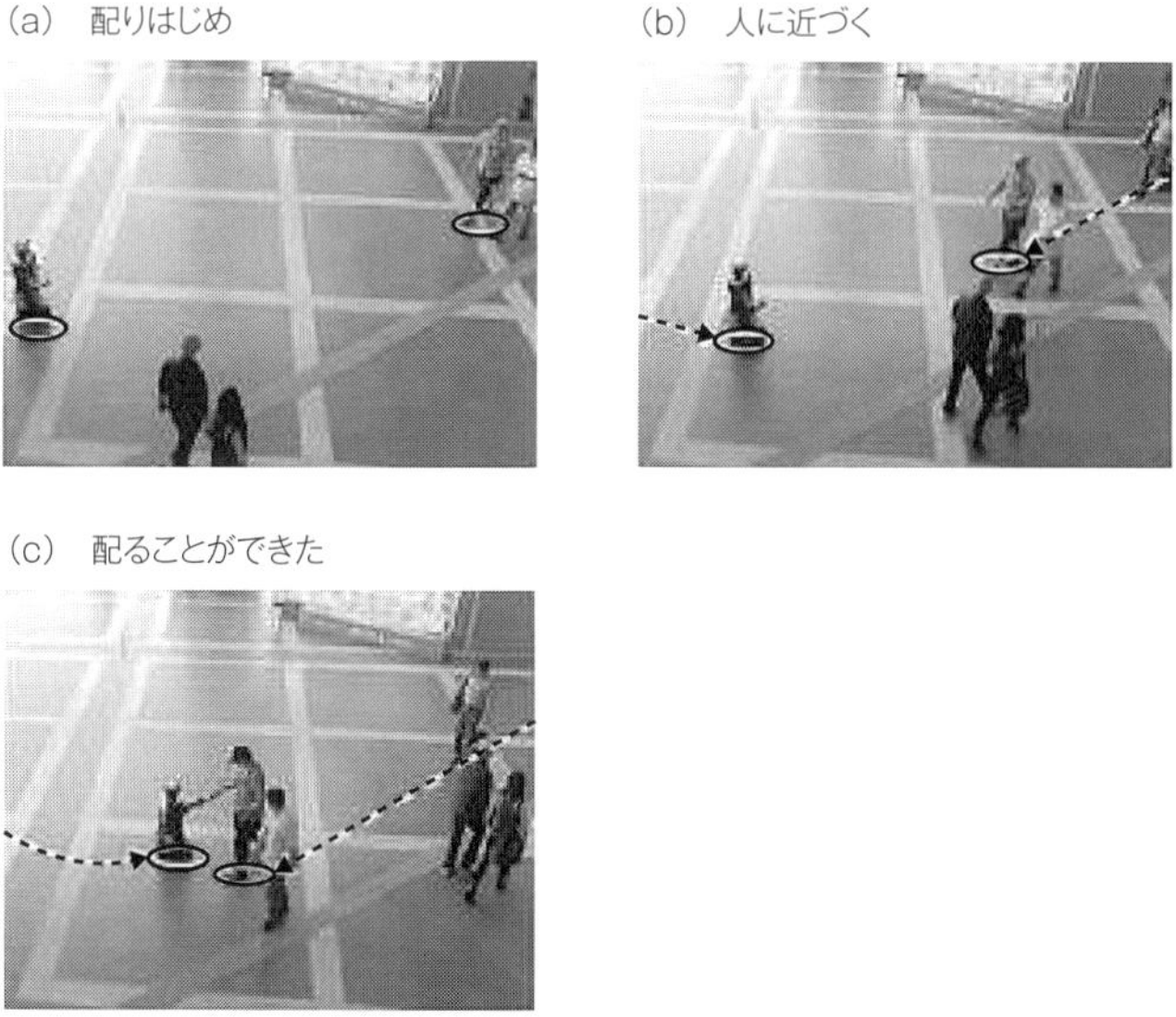
(a)　配りはじめ
(b)　人に近づく
(c)　配ることができた

図2-6　うまくチラシを配るロボット[2]

いった行動は、あまりうまくいかないようです。図2-5(c)(d)は、七割以上の成功率の、じょうずな人の例です。この人は、とてもよく動き回っています。遠くから人がやってきたのを見ると、すっと近づいていきます。そして、相手の視野に入りながら、真正面ではなく、斜め前方から近づいていくのです。最後に、ごく近くまで来たときに、さっと手を伸ばしています。何人もの行動を分析すると、うまくいっている人はみなこのような行動をしていることがわかりました。

このじょうずな人の行動を、いろいろ分析して、ロボットが同じような動きをできるようにしてみました。その様子が図2-6です。ここでも、センサから遠くの人の位置を察知して、その進路を予測していいます。そして、予想した進路の斜め前方から寄ってきて、ほどよい高さにさっと手を出していいます。このような行動をロボットがしたところ、ロボットがチラシを配った場合でも七割以上と、じょうずな人と似た精度でチラシを配れるようになりました。

ここまでに二つのヒューマンロボットインタラクション技術の例を紹介しました。いずれの例でも、ロボットが見かけだけでなく、ふるまいも人らしくすることで、うまく人とかかわれるようになってきた様子を見ていただけたかと思います。

並んで歩く

時には、ロボットはもっと「考えて」人らしい行動をする必要も出てきます。その一例として、並んで歩く、ということを考えてみましょう。わたしたち人間にとっては、これも簡単なことだと思います。友達と話しながら一緒に歩いていると、自然と、並んで歩いているのではないでしょうか。でも、ロボットにとっては、これも簡単なことではないのです。鈴木先生はヒロトの少しうしろについて、うまくスーパーまで一緒にたどりついたようですが、実際の実験例を見てみましょう。

図2-7は、ロボットが人の横に並んで歩こうとしたときの失敗例です。ここでは、ロボットは文字どおり、人の真横に行こうと移動してました。でも、このような単純な動きをしたとき、人もロボットに合わせて少し速度を落として、横に並ぼうとしてしまったのです。結果として、この人は、壁際の方に追い込まれてしまいました。もしこの人が、ロボットのことを気にせずに、黙々と

通路に沿って歩いていけば、この単純なやり方でもうまく横に並ぶことができたのでしょう。でも、この人は、ふだんほかの人にしているように、自然と協調的に行動した結果、このロボットの横に並ぼう、という行動がうまくいかなくなってしまったのです。このロボットには何が欠けていたのでしょうか?

ふだん、わたしたち人間は、お互いに相手に合わすような協調的な行動をしているのです。そのとき、お互いが、「だいたいあっちの方に向かっている」といった目的を共有して、そのためにうまくいくような行動を自然ととることができているのです。これが、ロボットにはできていなかったのです。そこで、ロボットにも、人がどこに向かっているのか、あらかじめ教えておくことで、ロボットと人の双方がこれからどのように移動していくとうまく並んで歩けるのか、プランニング（これからの行動の計画）ができるようにしました。ロボットは、単に人の真横にいようとするのではなく、人とロボットの双方が、壁などの障害物にぶつからないように、そしてゴールに近づくように、一定の歩きやすい

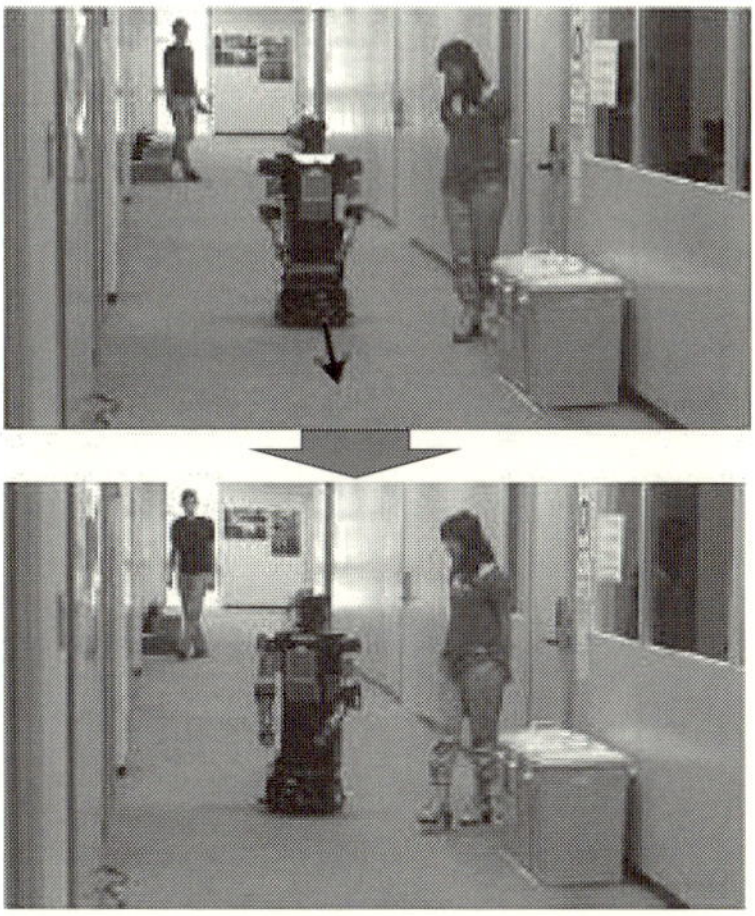

図２－７　ロボットが単に人の真横に移動しようとした場合、うまく並んで歩くことができない[3]

速さで移動できるように、といった考えで計画を立てて行動するようにしました。図2-8(a)は、ロボット内部で行われているプランニングです。ロボットは、これからロボットと人がお互いどのあたりに移動していくと、お互いにとって都合がよくなりそうかを計画しています。このような計画を立てることによって、ロボットがうまく並んで歩くことができるようになりました(図2-8(b))。

邪魔になるロボット

ロボットは、目の前にいる人だけでなく、周囲の環境のことも考える必要があります。たとえば、買い物カート型のロボットが自動で動いたり、あるいは鈴木先生のように人らしいロボットが買い物についてきてくれたり、といった場面を考えてみましょう。一緒に来た人が、ロボットに「ちょっと待ってて」と言って、トイレに行ったりと少しのあいだロボットから離れたとき、ロボットはどうしていればよいでしょうか？ 実際、わたしたちが研究を進めるなかで、たまたまロボットと一緒に買い物していた方が、

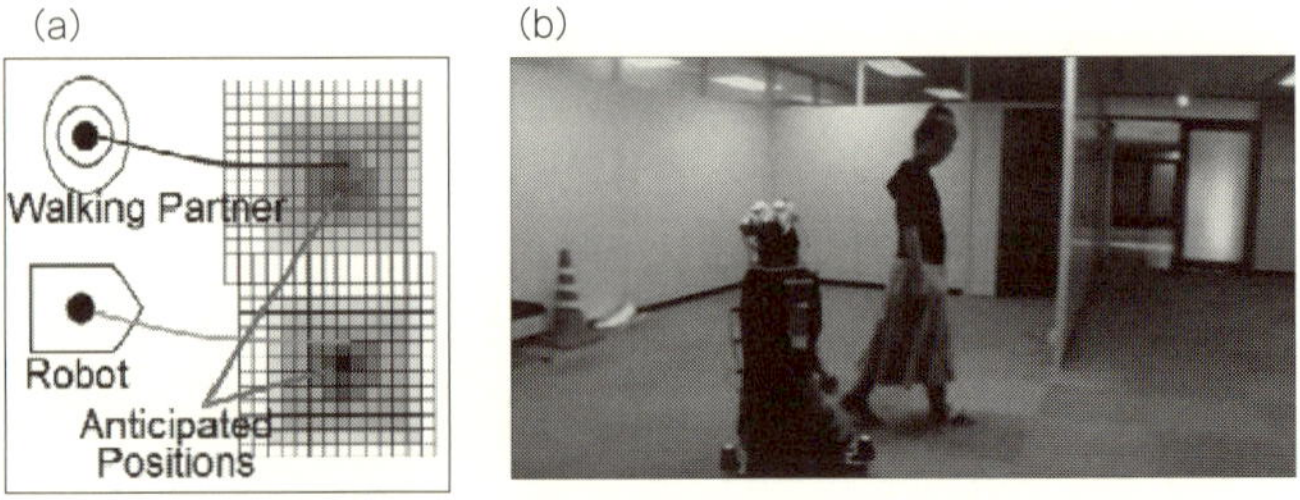

図2-8 人とロボットとの両者にとって都合のよい進路を計画すること(a)で、うまく横に並んで歩けるようになったロボット(b)[3]

財布を車に忘れて、ちょっとのあいだロボットを待たせて、財布を取りに行ったことがありました。まさか、そんなことが起きるとは思っていなかったので、わたしたちがつくったロボットは、待たされているあいだ、ただその場所で止まっていました。でも、これは、結構迷惑な行動だったのです。ちょうど、スーパーのくだものコーナーの前でロボットが止まっていたのですが、あとから買い物にやってきた他のお客さんが、ほしいくだものが取りにくかったそうです。スーパーの方に、クレームが入ってしまいました。使っているとクレームがきてしまうロボット、では、ちょっとこの先、使っていけないですよね。ロボットにどういう能力が備わっていればよかったのでしょうか？

人々に、どういう場所で待ってよいかを聞いてみると、多くの人の判断がだいたい一致します。図２‐９は二四人の人からその判断を集めたときの結果の一例です。読者のみなさんも、だいたい同じようにお考えになるのではないでしょうか？　人がよく通る場所(a)、お店の商業活動によく使われている場所(b)が、邪魔になる場所だ、と判断されがちでした。その瞬間には必ずしも使われていない場所でも、近いうちにほかの人が使いそうだ、ということをわたしたち、人間は理解できるのです。そこで、ふだんの人通りの多さや、場所の立体的な地形を解析することで、人と同じような判断をロボットもできるようにしてみました。何時間ものあいだの人の通行を観測すると、図２‐９(a)のような、人が頻繁に通行する場所を計算することができます。また、お店に関しては、商業活動によく利用される場所ほど、店舗内から見えやすいことがわかりました。そこで、場所の見

図 2－9　場所の使われ方のモデル[4]

図 2－10　研究により実現した計算方法により待機する場所を自動的に見つけて待機しているロボット[4]

えやすさも計算することで、邪魔にならない場所が計算できるようになりました。図2-10は、ロボットが自動的に邪魔にならない場所を計算して、待機している様子です。ちゃんと、自動ドアの前などを避けて、壁際の人が通らなそうな場所で待機できるようになりました。

ここまで、四つのヒューマンロボットインタラクション技術の例を紹介しました。いずれの例でも、ロボットが見かけだけでなく、ふるまいや、その内部で行われている認知情報処理も人らしくすることで、うまく人とかかわれるようになってきた様子を見ていただけたかと思います。わたしたち、人間が無意識に、自然とやっていることも、ロボットにとっては複雑な計算が必要になっているのです。

コラム2

高齢者の日常をケアする見守り支援システム

日本では少子高齢化の影響で介護士の負担増加が深刻な問題となっています。そこで、さまざまなセンサを使って人間の状態を認識するセンシング技術を応用して、介護士の負担を少しでも減らそうという動きがあります。負担の大きな業務の一つである「見守り」に焦点を合わせ、高齢者の転倒を早く発見する技術が開発されています。

転倒は、家具や段差につまずく、ベッドやトイレからずり落ちる、などさまざまな理由で起こります。厚生労働省「国民生活基礎調査（平成二八年）」[1]によると、高齢者の介護が必要となった原因として、「骨折・転倒」は「認知症」、「脳血管疾患」、「高齢による衰弱」についで、四番目に多い原因となっており、事故によるものでは一番大きな原因となっています[2]。転倒を経験した高齢者は、たとえ身体のけがが軽度であっても、一人で動けない状態が継続することに強い恐怖を感じます。結果として高齢者は、身体は大丈夫であるにもかかわらず、あまり身体を動かさない生活に陥ります。この状態が続くと、認知症や寝たきりなどの健康障害を招くといわれています。したがって、高齢者が転倒した場合には、介護士が早く転倒を発見し適切な処置を行うことが重要です。

しかし、実際には発生した転倒をすぐに発見するのは困難です。ある介護士によれば、「日中は別の業務で忙しく巡回する時間がないし、夜間は定期的に巡回しているけど、居室内を見るまで転倒しているかどうかは結局わからないので、転倒の発生をすぐに知らせるしくみが必要」とのことです。現状の介護施設では、腕時計型やペンダント型の加速度センサを高齢者にもたせたり（加速度の変化から転倒を検出できます）、カーペットタイプの圧力センサをベッドにしいて（高齢者の重さの変化からベッドからの落下を検出できます）、少しでも早く転倒を検出できるよう工夫されています。しかし、これらのセンサにも問題がありました。たとえば加速度センサには、高齢者がセンサの着用を忘れる、転倒場所を認識できないため居室外での転倒の場合に対応が遅れる、などの問題があります。圧力センサには、高齢者の様子を視覚的に確認できないため、転倒かただの離床か判別できない、利用できる場所がベッドの周囲など特定の場所に限定される（トイレや廊下などでは利用できない）などの問題があります。

このような現状をふまえて、①常時さまざまな場所を見守ることができる、②転倒が発生した場所を介護士に通知できる、③転倒した人の様子を確認できる、という三つの機能をもつ新しい見守り支援システムが開発されています（次頁写真ⓐ）。このシステムでは、対象物までの距離を計測できる三次元距離計測センサを部屋や廊下に複数設置し、各センサで計測される距離の情報から高齢者の位置を検出します。三次元距離計測センサは、通常のビデオカメラとは異なり、赤外線やレーザーを使うことによって、暗闇でも高齢者の位置を計測することがで

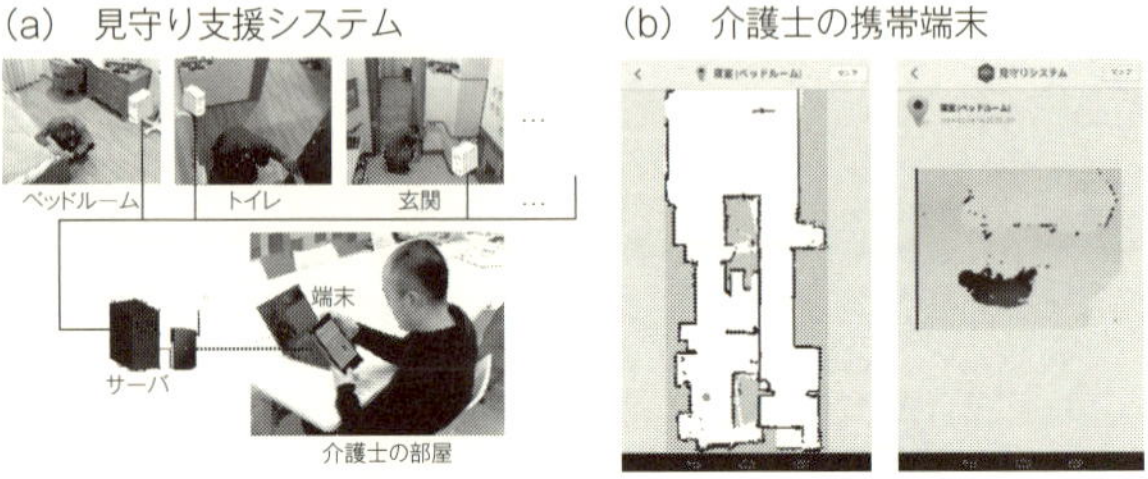

三次元距離計測センサによる見守り支援システム（a）。各部屋に設置されたセンサの情報から転倒を検出し介護士の携帯端末（b）に知らせます。携帯端末には転倒場所とシルエット映像が出ます。

高齢者のための見守り支援システム

きます。また、対象がシルエットで表示されますので（写真ⓑ）、高齢者の「監視されている」という印象が和らげられると考えられます。このシステムは介護士の携帯端末（スマートフォンなど）と連携されており、転倒が検出されると携帯端末に転倒発生を通知します。さらに、介護士が高齢者の様子を確認できるように、三次元距離計測センサの映像が携帯端末に送信されます。このシステムによって介護者が別の場所を見回りしているときでも、いつ、どこで、だれが、どのように転倒したのか、という状況を把握することができるようになりました。

ところで、このようなセンシング技術を用いた見守り支援システムについて、見守られる立場である高齢者はどのように思うのでしょうか？　シルエット映像とはいえ介護士にある種の監視をされるわけですから、使いたくないと考える人もいるかもしれません。介護施設に入居する人と自宅で過ごす人に、開発した見守り支援システムの印象を尋ねました。その結果、「ビデオカメラではなくシルエットだけの映像なら見られている感は少ない」「そもそも高齢者はプライバシーよりも安全第一」という肯定的な意見が四八％、「常に見られている感じがするのは気が休まらない」という否定的な意見が三二％、「介護度が高くなった場合などには必要になるだろう」「元気なうちは必要ないが、認知症などの人には本当によいと思う」、つまり「状況により見守りのレベルを切り替えたい」という意見が二〇％ありました。

高齢者の中で意見が分かれることは、見守り支援システムの設計にとってたいへん重要です。センシング技術はどんどん進み、高性能なセンサが開発されていきますが、高齢者が自分を見守るレベルを納得し、それに合わせて選択できるようなオプションを提供するシステムが今後求められます。

第3章　～ヒロトの母・莉子編～

ロボットを信頼できるのか

　この年になると、病院に来ることが多い。検査入院が終わり、今日はやっと家に帰る。入院中はサクラさんたちにいろいろ世話になったし、家に帰ったら自分の面倒はできるだけ自分で見よう。それに最近、うちにはロボットが来たらしい。人に何かを頼むのは気が引けるけど、ロボットには気兼ねなくお手伝いをお願いできそうだわ。

「お義母さん、これがうちに来たロボットよ」

サクラさんと一緒に病院から帰ってきたわたしを、玄関でロボットが出迎えてくれた。ヒロトと孫の陽太は、夕飯の買い物に行っているらしい。

「莉子さん、はじめまして。わたしはこの家のお手伝いをするためにやってきたロボットです。鈴木先生といいます。これからどうぞよろしくお願いします」

「えっ？　何？　鈴木先生？」

それ以外の言葉は出てこない。まさかロボットを鈴木先生とおよびするとは……

「鈴木先生、ケーキを冷蔵庫に入れておいて」

サクラさんはすっかり慣れた感じでロボットに用事を頼む。ロボットはサクラさんからケーキの箱を受け取ると、回れ右をしてキッチンへ向かった。

　ロボットが来ることは知っていたし、頭ではこの状況を理解しているつもりだけど、どうしても違和感を感じてしまう。それに気づいたかのようにサクラさんがわたしに言ってきた。

「最初は、いろいろ頼みごとしてみるといいんだって。鈴木先生はどんどんわたしたちのいろんな好みとか、必要なことを覚えていってくれるのよ」

「頼みごとっていったってねえ。いよいよロボットに手伝ってもらう時代なんだって、頭ではわかってるんだけど、いざロボットを目の前にすると、なんとなく頼みにくいわ」

「どうして？」

「何か不安なのよ。わたしが思ったとおりに動いてくれるのかな、って。サクラさんだったら手伝ってくれるのがわかってるから安心して頼めるんだけど、やっぱりロボットだからね……」

「大丈夫、大丈夫！　陽太より物覚えいいんだから！　すぐにお義母さんの好きなものも覚えてくれるって！」

「だから、それは頭ではわかってるんだけど……ってこの会話、ロボットはずっと聞いて理解してるの？」

「そりゃあ、まあ、これだけ近くにいれば聞いてるんだと思うけど……」

初対面のロボット（しかも鈴木先生）に、いきなり失礼なことを言ってしまったのではないかと、さらに不安が募った。ロボットは顔色を変えず、指示を待っているように見える。本当にこんなわたしでも、鈴木先生との生活になじんでいけるのだろうか……

＊　＊　＊

不安と信頼

ここで莉子が抱えている漠然とした不安は、別にロボットに限ったことではないはずです。たとえば、海外旅行中にレストランで注文するとき、何度も海外に行ったことのある人でもないかぎり、妙に緊張してしまうはずです。外国語をなんとか発音できたとしても、ホールスタッフが日本人の発音に慣れていなくて聞きまちがうかもしれません。日本では特に意味のない身振り手振りが、その国では予想外の意味をもっているかもしれませんし、きちんと注文を伝えたつもりでも、注文どおりの料理がこないかもしれません。こうした具体的な理由がない場合でも、日本の通い慣れたレストランや食堂で注文するときよりも、緊張感を覚えるはずです。

こういった不安は、単に、相手が思ったとおりにしてくれるかどうかわからない、という思いから生じるわけでもありません。もちろん、思ったとおりにしてくれるかわからないときは不安になるでしょう。さきほどの海外旅行中の注文の際に感じるのは、こうした「わからなさから生じる不安」の一つかもしれません。ですが、思ったとおりになるとわかっていても、なんとなく不安になることもあります。莉子が言っているように、「頭ではわかって」いても、不安が募ることがあるのです。

どうしてこのような不安を感じてしまうのでしょう。この謎を解き明かす手がかりのひとつとなるのが、本章の中心的なトピックである「信頼」です。単純に言ってしまえば、強く信頼しているならばこうした不安は生じません。逆に信頼が弱かったり、そもそもない場合には、たとえ頭では問題ないことがわかっていても、不安になってしまうのです。

それでは、はたしてロボットを信頼することは可能なのでしょうか？　そもそも「信頼」とはどのようなものなのでしょうか？　本章では、こうした疑問に答えるために、おもに工学と哲学の信頼研究を参考に、信頼について検討していきます。

まず、人間に対する信頼とはどういうものか、その信頼にはどのような特徴があるのかを紹介します。次に、ロボット以外も含む機械一般への信頼に目を向け、人が機械を信頼するための要因としてどのようなものがあるかをまとめつつ、人間どうしの信頼と機械に対する信頼がどのように違っているかを確認します。最後に、こうした違いを超えてロボットを信頼するにはどのようにすればよいかを考えます。

信頼とは何か

信頼が人間の社会生活に欠かせないことは、人文学、社会科学のさまざまな分野で強調されています。古くは、十九世紀ドイツの社会哲学者ゲオルグ・ジンメル（一八五八―一九一八）は「人々が一般にもっているお互いへの信頼がなければ、社会そのものがバラバラになってしまうだろう」[1]*1と述べています。心理学者ジュリアン・B・ロッター（一九一六―二〇一四）も、「わたしたちの日々の生活、わたしたちの社会的世界という織物の全体は信頼に依拠している」[2]と言っています。社会学者ニクラス・ルーマン（一九二七―一九九八）は、「信頼が完全に存在していなければ、朝

(a)　(b)

図3-1　信頼に着目した (a) 哲学者ゲオルグ・ジンメルと (b) 経済学者のケネス・アロー[5]

起きることさえできなくなるだろう[3]」と、ノーベル賞受賞者である経済学者ケネス・アロー（一九二一―二〇一七）も、「信頼は社会システムの重要な潤滑剤である[4]」と述べています。これらの学者たちはみな、分野は異なるにせよ、わたしたちの社会は多くの人間から構成されていて、ほかの人間に対する信頼なしに社会生活は不可能であると強調しているのです。

わたしたちの社会生活は、社会を構成するほかのメンバーへの信頼なしには成り立たないものです。前述した学者たちは、あくまで人間の人間に対する信頼しか語っていませんが、現代の社会はすでに、さまざまな機械に依存するようになっています。社会生活には人間への信頼が不可欠なように、わたしたちの現在の社会生活は、機械への信頼なしには不可能なものになりつつあり、今後の社会はますますそうなっていくことでしょう。したがって、田中家のロボットである鈴木先生だけではなく、ロボットがわたしたち人間の社会で広く使われて人間と共存するようになるためには、わたしたちがロボットを信頼する、それも、他人を信頼するのと、ある程度は似た仕方で信頼することが必要になります。

しかし、わたしたち人間は、本当にロボットを信頼することができるのでしょうか？　そもそも、ロボットは信頼することができる存在なのでしょうか？

(1) 信頼＝信頼性？

こうした疑問に直接取り組む前に、信頼とは何なのかを確認しておきましょう。多くの分野で信頼は研究されており、それぞれの分野でこれまでさまざまな信頼の定義が提案されてきました。残念ながら、これまで提案された信頼の定義はどれも一長一短で、広く受け入れられている信頼の定義はまだありません。しかし、これまで提案された定義を確認することは、信頼にはどのような特徴があるのかを理解する役に立ちます。

たとえば、工学でよく使われる機械の「信頼性」について考えてみましょう。この言葉は、ほぼ「機械のトラブル（不具合）が発生しにくく、正しく機能することが確からしい」ということを意味しています。つまり、設計段階での予測どおりに機械が問題なく行動することが確かであるほど、その機械の信頼性が高いということになります。同じような発想で、人間に対する信頼を工学的に定義すれば、相手が予測どおり行動してくれる「確からしさ」が高いということになるかもしれません。

しかし、これをそのまま信頼の定義として採用することには問題があります。たとえば、自分の仲間を信頼することとは、彼らが自分の予測どおりに行動してくれることが確かだということとは異なります。予想どおりに行動するかどうかわからないと仲間を信頼できないというのであれば、自分の知識や想像の及ばないような事柄については、仲間を信頼することができないということになってしまいます。

工学的な信頼の定義が不十分であり、「信頼＝予想どおりに行動してくれる確からしさ」とはいえないことを理解するためには、次の例も参考になるはずです。国家の安全保障には、他国が自国の不利益になるような行動をとりにくくすることが必要となります。しかし、これまで交流の少なかった国家がどのような行動を取るのかを予想することは、そもそも非常にむずかしいことです。こうした場合に、一方の国家が相手国を信頼しているという態度を明確に表明することがあります（これは「戦略的信頼」とよばれます）。なぜなら、信頼しているという態度を表明することにより、相手の国家はその態度に反した行動を取ることがむずかしくなるため、自国の不利益になるような行動を取りにくくなり、結果として自国の期待どおりに行動してくれる確からしさが高まるからです。人間どうしでも、相手が予想どおりに行動してくれる確からしさが低い場合に、相手に信頼を向けてみることによって、確からしさを高めるということは起こります。

相手が何かをしてくれると信頼する場合、それをやってくれるという予測や期待がまったくなければ、そうした信頼はできないはずです。しかし、たとえ予測・期待どおりの行動をしてくれる確からしさが低くても、信頼は可能です。信頼の工学的定義の不十分さは、この点にあります。工学的定義を採用すれば、戦略的信頼は信頼ではないことになってしまいますし、信頼を表明することで、予測・期待どおりの行動の確からしさが高まることがあるということも説明できません。したがって、相手が自分の予想や期待どおり行動してくれる確からしさが高いという観点だけで信頼を考えると、何かが足りないと言わざるをえないのです。ここではまず、確からしさが低くても、相手が自分のしてほしい行動をしてくれるという予測や期待を含むものとして、信頼を考えておきます。

(2) 信頼=楽観的感覚?

信頼には相手の行動についての予測・期待が込められていますが、単なる予測や期待と信頼が異なるのは、信頼には、相手がなぜそのように行動してくれるのかという、相手の動機に対する観点が同時に含まれているからです。この見解は、特に哲学の信頼研究では熱心に論じられています。こうした見解の一つでは、信頼とは、相手が良心に基づいて自分の期待どおりに行動してくれるだろうというポジティブな楽観的感覚であると定義されます。[6] この定義が先の工学的定義と大きく異なっているのは、相手が特定の行動をしてくれるという期待が込められているだけでなく、こちらが頼ればこたえてくれるような良心を相手がもっており、その良心にしたがって行動してくれるだろうという期待も込められているところです。この定義によれば、信頼とは、行動に対する期待と、その行動をする動機に対する期待という二種類の期待を含む態度なのです。

信頼と楽観的であることのあいだには重要な結びつきがあります。信頼のもつ重要な側面の一つとして、リスクの可能性を無視することで、自分の行動がしやすくなるという点があります。先にあげた多くの学者が指摘しているのは実はこの点です。この世の中にリスクの可能性が〇％であるようなものはほとんどありません。だからといって、誤作動した人工衛星が空から落ちてきて当たるのを心配したり、自分の家が設計ミスで床を踏んだとたん崩落してしまう可能性を考慮していては何もできなくなってしまいます。こんな極端な例を除外したとしても、人為的なトラブルによるリスクの可能性を全部真剣に思い悩んでしまうと、飛行機や電車、車に乗るといったことさえできず、ふつうの社会生活は不可能になってしまいます。わたしたちは、こうしたリスクの可能性について楽観的に考えることで初めて生活していくことができるのです。信頼が社会生活の不可欠な要素だと考えられている理由の一つは、楽観的に考えることに結びついていることにあります。

残念ながら、単に楽観的であることと信頼していることは同じではありません。先に述べたように、信頼には、相手が自分の期待どおりの行動を取ってくれるという期待に加え、相手の動機への期待も含まれている必要があります。しかも、どんな動機でもよいというわけでもありません。また、単に相手の行動パターンを知っているだけでは、相手の動機をわかっていると言えません。相手が自分の期待どおりに行動してくれるのは相手の良心の結果であること、つまり、自分のことをある程度考慮した上で行動してくれると期待できることが信頼には必要なのです。信頼が社会生活の不可欠な要素だと考えられているもう一つの理由は、信頼は相手の良心への期待を前提にするため、わたしたちの社会が単純にお互いの利害関係だけで結びついているのではないことを説明できることです。

ただし、相手の良心を信じて楽観的になるだけでも信頼しているとは言えません。詐欺師は相手の良心を利用して、自分の思いどおりの反応をするだろうと考えているでしょう。この詐欺師が、相手が思いどおりに行動しない可能性をまったく無視して、楽観的にかまえていたとしても、相手を信頼していることにはなりません。ある人がほかの人を信頼しているかどうかは、相手が良心から期待どおりの行動をしてくれるとその人が考えるかどうか以外に、実際にそうしてくれた場合や、してくれなかった場合に、その人が相手にどういう反応を取るかも重要になります。

(3) 信頼と感情

哲学の信頼研究でよく論じられる信頼のもう一つの特徴は、信頼が裏切りと感謝という感情に関係していることです。[7] わたしたちは誰かを信頼しているとき、一〇〇%そうなる保証がないことはわかっていながらも、自分の期待どおりになるだろうと思っています。この信頼に含まれる期待は、単にそうなればいいなというものではなく、むしろ相手はそうしてくれるはずだという特別な期待なのです。なぜそう言えるかというと、信頼は、期待どおりにしてもらえなかったとき、独特の反応を引き起こすからです。つまり、裏切られたと感じてしまうのです。

この「特別な期待」が「期待どおりになる確からしさが高い」ということではない、という点には注意が必要です。信頼に相手の行動に対する期待が含まれていることはすでに述べましたが、

表3－1　信頼と予測・期待の確からしさに対する感情の違い

	期待どおりだった	期待どおりでなかった
信頼	感謝	裏切り
予測・期待の確からしさ	満足	落胆

（自分の予測・期待どおりになる見込みが高いというだけの場合、その予測・期待がはずれた場合の反応は、信頼している場合とは異なります）。前者はあくまで予測であり、期待どおりにならなかったとしても、予測がはずれてがっかりするぐらいの反応しか生じません。詐欺師は騙す相手が期待どおりの行動を取らない場合に、ややがっかりはするでしょうが、裏切られたとは感じないでしょう。また、あなたも普段からトラブルなく動いているハードディスクが故障したら、がっかりはするでしょうが、裏切られたとまでは感じないでしょう（感じるのならば、あなたはそのハードディスクを「信頼」しているのです）。

期待どおりになった際にも、信頼と予測・期待の確からしさのあいだには感情の違いがあります。相手を信頼している場合、相手が自分の期待どおりの行動をしてくれれば、あなたは相手に感謝するはずです。一方、ふだん正常に機能しているハードディスクが、トラブルなく動いているとき、そのことに感謝するという人はあまりいません。なぜこのような反応の差があるのかといえば、やはり信頼には行動に対する期待以外に、相手が良心からしてくれるという期待が含まれているからです。利害関係を考えず良心から行われた行為には感謝の感情が生じますし、良心をもっているなら、自分のしてほしいことをわかってくれるはずだと思うからこそ、相手がそうしてくれなかったときには裏切られたという感情が生じるのです。

機械と人間のあいだの信頼

ここまで、信頼の定義や特徴を確認することを通じて、信頼がどういうものかを考えてきました。信頼のもつさまざまな特徴を完璧にとらえることのできる定義はまだありませんが、①相手の行動に対する期待、②相手の行動の動機に対する期待、③相手の行動後に起こる感情の違いの三点が信頼の重要な特徴だと哲学の信頼研究では言われています。すると、人間がロボットを信頼できるかという問題や、どのようなロボットなら信頼できるのかといった問題も、これらの特徴を使って答えることができると思われるかもしれません。しかし、そう単純ではないのです。

実は、これまでに見た信頼の定義や特徴を単純にロボットに適用することはできません。なぜなら、これらはすべて、人間が人間に対してもつ信頼だけを考えて考案されたものであり、人間以外のものに対する信頼を認める余地はないように思われるからです。たとえば、②を説明した際に述べたように、信頼は相手が良心に基づいて期待どおりにしてくれると思う楽観的感覚だとします。この場合、相手が良心をもっていることが信頼するための条件になります。したがって、良心をもったロボットが作られるまでは、ロボットを信頼することなど不可能であるということになってしまいます。

しかし、人間以外のものは信頼できないのでしょうか。ここで、ロボット以外も含む機械一般に

図３−２　グーグルが開発していた自動運転車のイメージ図[8]

も目を向けてみましょう。ふつうの機械はもちろん良心をもっていません。ところが、機械に対する信頼は可能であるどころか、機械を適切に使用するための条件になると考えるべき理由があります。たとえば、一九九五年、クルーズ客船のロイヤルマジェスティ号がボストン湾の沖合で座礁するという事故が起きました。この事故についてアメリカ国家運輸安全委員会は、航海士がナビゲーションシステムの表示に頼りすぎて目視などで確認しなかったと海難事故報告書に記しています。そして、その理由として、ナビゲーションシステムが三年半のあいだ、まったく問題なく動作してきたことから、目視などの従来の方法で確認する必要はないと航海士は考えたのではないかと推測しています。つまり、航海士がナビゲーションシステムを過剰に信頼してしまったことを事故の原因の一つとしてあげているのです。

また、二〇一四年にInsurance.comという車両保険の値段比較サイトが、グーグルなどが開発している自動運転車について、二〇〇〇人の免許保持者を対象にアンケート調査を行いました。多くの交通事故が人為的な原因で起きており、自動運転車の使用によって実際には事故を減らすことができるという多くの証拠を見せられたあとでも、六一％の人は「自動運転車は人間が行うのと同じ判断ができないと信じる」と答えました。さらに重要なことに、七六％の人は「自動運転車は子供の通学を任せるほどには信用できない」と答えたのです。*2

これらの例が示しているのは、人間は時には機械を過剰に信頼することがある一方、まったく信頼しないこともあるという事実です。過剰な信頼は大きなトラブルの原因になりますし、信頼されない機械はそもそも使われることはないでしょう。このことから、機械を適切に信頼することは、機械を正しく、安全に使うための条件だと考えられます。したがって、良心をもたない機械を信頼することは不可能だと簡単に切って捨てることはできないのです。[9][10]

（1）人は機械を信頼できるか

工学者のあいだでも、先に述べたような理由で、使用者が信頼できるような機械を設計しなければならないと考えている人たちは多くいます。しかし、どのような条件がそろえば人は機械を信頼するのでしょうか。信頼できる機械を設計するためには、まずこの問題に取り組まなければなりません。実際に、現在この問題についてはさまざまな研究が行われており、人が機械を信頼するためには、表3-2に示す三つの要因が重要だと考えられています。[9][10][11]

まず、人が機械をどの程度信頼するかは、その人の育った環境や性格、そしてなによりその機械

表3－2　機械に対する信頼の三つの要因

人間の側の要因	①育った環境や性格 ②機械を適切に使用するためのスキルや知識
機械の側の要因	①使用者にとって安全な設計 ②タスクに適した設計 ③使用者にとって親しみやすい形状や機能
環境要因	①機械に任せるタスクの適切な選択 ②機械の動作環境の適切さ etc.

を適切に使用するためのスキルや知識をもっているかどうかなどの、人間の側の要因によって左右されます。このことは、自分のよく知らない機械よりもよく知っている機械のほうが信頼できると感じる経験を思い出せば、理解しやすいでしょう。次に、機械の側の要因として、その機械がきちんと動作し、人間相手にトラブルを起こさないかどうか、機械に任されているタスクを遂行するために適切な動作をするか、その機械が人間にとって親しみを覚える形状や機能をもっているのかといった点があげられます。この点をつきつめると、見かけや動作、機能が人間のように思えるかどうか（擬人化できるか）といった要因も重要になります。さらに環境要因として、機械に任せられるタスクがどのようなものなのか、機械が安全に使用されるための環境や制度が整っているかといった点も考慮する必要があります。

　機械の側の要因が信頼にとって重要であることを示す研究を二つ紹介しておきましょう。一つめは、人間との共同作業がより適切に行われるように機械の側の要因を変えることで、機械に対する信頼度が上がるという研究です[12]。この研究は、音声サポートシステムがついたフライトシミュレータを使った実験で、丁寧に指示を与える音声サポートシステムと乱暴に指示を与えたシステムで、使用者のパフォーマンスがどのように異なるかを比較したものです。

丁寧な方のシステムは、指示を与える五秒前にアラームを鳴らして使用者の注意を促します。また使用者が作業中であったり、すでに指示予定の作業を行っている場合には、指示を出しません。反対に、乱暴な方のシステムは、アラームを鳴らさず、使用者が作業中でも、すでに指示予定の作業を行っている場合でも、おかまいなしに指示を出します。この二つを比較すると、使用者は丁寧なシステムの方を信頼する傾向が高く、かつエンジンが誤動作したとき、より正確な判断を行うことができたと報告されています。このように、フライトサポートというタスクに適した形で指示を出すように機械の側を変えることで、その機械に対する人間の信頼度を上げることができるのです。

次に紹介するのは、医療ロボットが与える説明の仕方によって信頼度が変わるという研究です[13]。この研究では、ロボットが患者の体を触る前に行う説明を二種類用意し、どちらの説明の方が患者はより安心し、以後もロボットに体を触らせることを許すのかを比較しました。その結果、ロボットが「今からあなたの腕をなでます。わたしはあなたの体を清潔にするのです。先生はすぐに診察に来られます」と作業内容を解説してから患者の腕を触るのと、「すべて心配ありません。あなたはよく頑張っていますす。先生はすぐに診察に来られます」と患者を勇気づける言葉を与えてから患者の腕を触るのを比較すると、作業内容を説明した場合の方が、患者は腕を触られることを嫌がらず、それを必要なことだとみなす傾向が高く、またこのロボットにまた腕を触らせてもよいと考える傾向も高くなりました。実のところ、ロボットではなく人間の看護師で同じ実験を行っても、ロボットの場合と同じ傾向が見られました。看護というタスクに適した説明の与え方をするように機械の側を変えることで、やはり信頼度を上げることができるのです。

逆に、ロボットが人を信頼することはできるのでしょうか？　これに関連する非常に興味深いプロジェクトがあります。二〇一四年にカナダのオンタリオ州の研究グループはヒッチハイクするロボット「HitchBot」を制作し、そのロボットがヒッチハイクによってカナダを横断できるかを調査しました。車に乗せてくれる人を信頼しなければヒッチハイクはできないため、ロボットがヒッチハイクに成功するなら、ロボットは人を信頼したとも考えられるのかもしれません。このプロジェクトは社会実験的なもので、十分に科学的とはいえませんが、ロボットは人を信頼できるかどうかを調べるという目的を掲げて行われた最初のプロジェクトです。このロボットは予想よりもはるかに短い二六日間でカナダ横断に成功しました。したがって、このロボットは人を信頼するに至るための最初の一歩には成功したと言えるでしょう。[*3]

(2)　人間どうしの信頼と人間と機械との信頼の違い

先に確認したように信頼の前提が良心だとすれば、機械を信頼するということはそもそも不可能なのでしょうか。あるいは、良心をもたない機械に対する信頼は、人間に対する信頼とはまったく異なるのでしょうか。必ずしもそうとは限りません。まず、原理的に良心をもつことが不可能な機械であっても、良心に似たシステムを実現することが不可能だとはかぎりません。たとえば、ある機械を使用する人が、その機械を擬人化することによって、疑似的に機械が良心をもつように感じるようになるということはあるかもしれません。また、機械の設計者が自分の良心を反映させる形で機械を設計することにより、間接的に良心を実現する機械も考えられます（たとえば、歩行補助用の機械を使っている人が、その機械に感謝したり、その機械が故障した場合に裏切られたと感じることもあるでしょう。こうした利用者は、設計者の良心が反映したものとして、その機械をとらえているように思われます）。

　もちろん、このようなことが可能であったとしても、人間に対する信頼と機械に対する信頼はやはり異なっていると言えます。一番大きな違いはやはり、現在存在する機械は、（良心だけでなく、少なくとも人間と同じ意味で）こころをもっているとはいえないということです（「こころ」をどう定義するかは哲学の大問題であり、ここで詳しく述べることはできませんが、かなり複雑な定義が必要であることは明らかになっています）。そのため、機械と人間は、同じこころをもち、対等の立場として認めあうという関係をもてないかもしれません（この理由で、人間は機械の使用者であり、機械は一方的に使用される側であるということは変わらないかもしれません）。また、ロボットはこころをもっていないだけでなく、相手のこころを理解する能力も人間よりはるかに劣っています。人間どうしの信頼の場合は、相手が自分の意図や欲求を理解してくれるという前提があります。だからこそ、相手は良心によってその意図や欲求をかなえてくれるはずだ、という動機に対する期待が可能になるのです。言い換えると、動機に対する期待をもつためには、その前提として、相手が自分のこころを理解してくれる能力をもっていることが必要になります。しかし、人間の意図や欲求を理解する能力についても、先に説明した良心の場合と同じく、今後の技術の進歩によって大いに改善するかもしれませんし、現在でも間接的に実現可能かもしれません。

どうすればロボットを信頼できるのか

ここまで、他人に対する信頼と機械に対する信頼の違いについて説明してきました。最後に、どうすればロボットを信頼できるのかを考えてみましょう。ロボットは見た目や機能のおかげでほかの機械よりも擬人化がしやすく親しみやすいため、信頼もしやすくなることが予想されます。とはいえ、それでも莉子のように、頭では自分の期待どおりにしてくれるということがわかっていても、なんとなく不安になる、信頼できないということはあるでしょう。そのような場合に信頼関係を築くにはどうすればよいのでしょうか。

実は、人間関係でも同じような問題が生じます。わたしたちは単に人間であるからという理由で他人を信頼するわけではありません。多くの場合、信頼は、ある程度の期間にわたる交流（インタラクション）の結果として生まれます。ロボットの場合も同様に、信頼は、ある程度の交流を通じて生まれるものだと考えることができます。つまり、ロボットに近寄りがたさを感じて、いつまでもかかわりをもとうとしないのであれば、信頼が生まれる可能性はほとんどありません。ここで求められているのは、わたしたち人間の側の態度の変化です。ロボットを信頼するためには、まずこちらから歩み寄ることが重要になってくるのです。

信頼の定義を確認したときに例として取り上げた、戦略的信頼のことを思い出してください。相手が自分の期待にこたえてくれるかどうかがわからない場合、まず相手を信頼するという態度を見せ、その態度を貫くことで、結果的に相手は期待にこたえてくれるようになっていくことがあります。これと同じことが教育の場面でも行われています。学校の先生は、まず一方的に信頼することにより、問題行動をする生徒とのあいだに信頼関係を築こうとします。もちろん、こうした戦略的信頼がうまくいくためには、無条件の信頼を向けられた相手は、そこに込められた期待にこたえようと思う良心をもっていることが前提になります。ロボットの場合は、良心をもっていないために、こうした信頼を向けてもこたえてくれることはないと考えられる人もいるかもしれません。しかし、先ほど述べたように、ロボットの場合でも、使用者が行う擬人化や設計者の良心を反映するようにロボットを設計することで、良心に似たシステムを実現できるかもしれませんし、設計者も、信頼が向けられたときにはそれにこたえられるようにロボットの改良を続けるはずです。また、使用者が使用を継続することも重要です。ロボットの機能について期待がはずれても、使うのをやめるのではなく使い続けていけば、使用者のスキルや知識が適切なものになり、その機能について、より安定した信頼をもつことができるようになるはずだからです。最初に信頼しているという態度を示すことからインタラクションを始め、継続することで、徐々に信頼が強化され、不安を含まない安定した信頼へと成長していくのです。

重要なことは、戦略的信頼のプロセスには、相手とのインタラクションを通じて、相手に対する理解を深めるという要素が含まれていることです。機械やロボットに対する不信が起こる原因には、人間の側の要因、たとえば、それがどのように機能しているのかをよく知らないという使用者の側での理解の不足や、機能を使いきれない、あるいは簡単に不便なものだと判断して不十分にしか使うことができないという機能の習熟不足があります（表３－２を思い出してください）。人間どうしの理解を深めることが信頼を生み出すのと同様に、ロボットの場合も、まずはこちらから信頼してインタラクションを続けることで、相手に対する理解を深め、最初は低い信頼度が高くなっていくと考えられます。もちろん、設計者の側も、こうした使用者の信頼にこたえることのできる機能とそれをより円滑に行うためのシステムを作り出すように努力し、機械の側の要因の改良を続けなければならないことは言うまでもありません。さらに、使用者と設計者、またはロボット自身が、環境要因を適切にコントロールすることも必要になります。

信頼できる人を見つけることは、人間のなかでもたやすいことではありません。信頼できるロボットを見つけることはさらに大変です。ですが、このように頭で考えているばかりではいつまでたっても信頼は始まりません。なんとなく不安ではあっても、まずはロボットを信じてインタラクションしてみる。これがロボットを信頼できるようになるための第一歩なのです。[*4]

＊注

＊1 本段落の引用はすべて英語文献から拙訳したものです。

＊2 このアンケートの結果は、http://www.insurance.com/auto-insurance/claims/autonomous-cars-self-driving.html で見ることができます。

＊3 ところで、このロボットはドイツやオランダでもヒッチハイクに成功しましたが、アメリカを横断するプロジェクトの途中、何者かに破壊されてしまいました。これはアメリカとカナダやドイツ、オランダとで、ロボットに対する態度に違いがあるということを示しているのかもしれません。Hitchbot について詳しくは、専用のウェブサイト（http://mir1.hitchbot.me/）を参照してください。

＊4 本章の研究はＪＳＰＳ科研費６０７１３５７６の助成を受けたものです。

コラム3
自宅で家事をサポートするロボット技術・空間知能化

空間知能化とは、人の作業空間にセンサを埋め込むことにより、作業の様子を把握し、その状況に応じて支援を行うものです。いわば、空間そのものを知能ロボット化しようとするアプローチです。空間知能化では、①いかに自然な形で空間にセンサを埋め込み情報を取得し、②いかに人の作業を把握し、③いかに意味のあるサービスを提供できるかが鍵となります。特に、意味のあるサービスを提供するためには、現在行われている作業が何であるかを知ることも重要ですが、その次にどのような作業が行われるべきであるかを予想することが重要です。たとえばある人が、マグカップを取り、その次にインスタントコーヒーの瓶を取ったとします。あなたがその人の隣に立っていたとするならば、その人のために何をするだしょうか？　あなたはきっと、砂糖またはクリームを差し出すでしょう。

空間知能化ではセンサにより、人がコーヒーを淹れていることを容易に把握することができます。しかし、このような気の利いたサービスを提供するためには、現在行われている作業が何であるかを知った上で、次に行われる可能性のある作業を予測しなければなりません。では、このようなことをあなたはいかにして考えつくでしょう？　それはあなたが、コーヒーとは、どのようにして作られるべきものであるかを知っているからにほかならないのです。空間知能化において、このようなことを実現するためには、数多くの作業を自動的に認識するとともに、個々人の嗜好を把握できることが重要です。そのため、多数のセンサから得られる情報をもとに、データマイニング、機械学習などの手法を利用し、コンピュータが自動的に知識を獲得したり、適応する手法が多くとられています。

調理作業は家事のなかでも高度な知識ならびに技能を必要とする作業の一つです。ここでは、上記で示した考えをもとに作製された調理作業支援システムを紹介します[1]。現在スーパーマーケットで販売されている商品にはバーコードによるラベルが貼られていますが、近い将来、食品のトレーサビリティ（どこで生産され、どのような経路で納品され、消費期限を管理する等）のために、これらをＩＣタグに置き換える試みが行われてます。そのような将来、空間知能化により、次のような調理作業支援が可能になります。

次頁写真に示すキッチンには、すべての扉ならびに引き出しに開閉センサが、食品庫、引き出しならびに冷蔵庫にはＩＣタグアンテナが仕込んであります。また、食品だけでなく、調理器具にもＩＣタグがついています。

調理作業は時系列的なイベントにより構成されます。たとえば、ジャガイモがむかれてから加熱処理が行われますが、これらのイベントには因果関係があり、逆順に発生することは不自然です。イベントの発生順を維持したまま、典型的な発生イベントの並びを抽出する時系列的

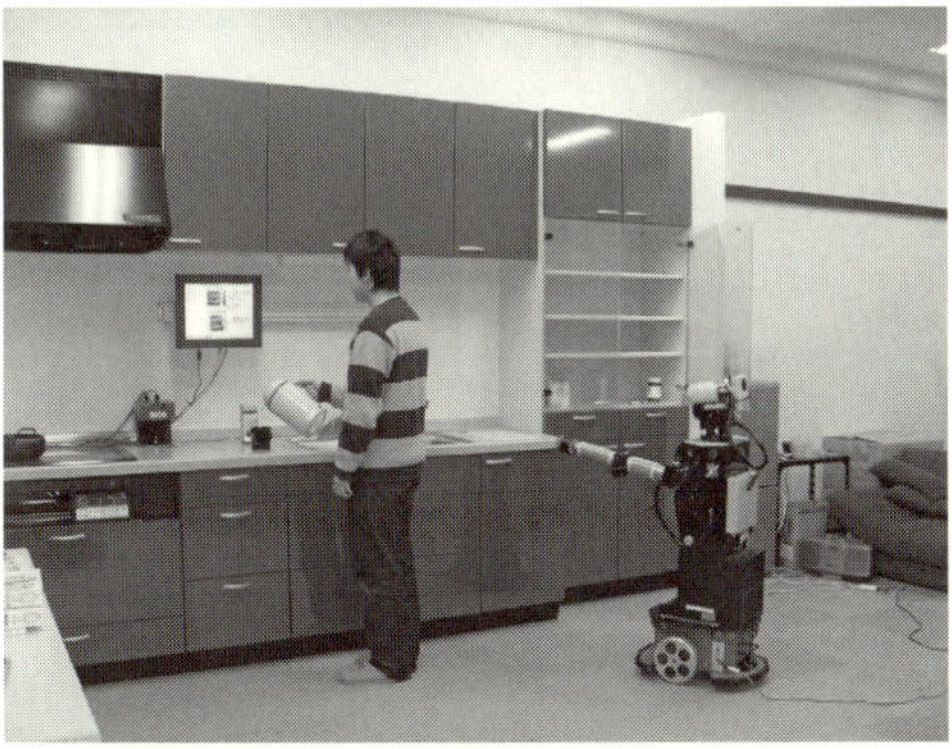
空間知能化による調理作業支援システム

データマイニング手法が応用できます。これにより、過去にこのキッチンで発生したイベント列を記録しておき、その情報をもとに、現在行われている調理作業、ならびに、その次に行われるであろう調理作業を予測することが可能となります。ここでいう、キッチンにおけるイベントとは、おもに特定の食材あるいは調理器具が、食品庫、引き出し、冷蔵庫から取り出されるというものであり、それぞれの箇所に仕込まれたICタグアンテナにより、特定のICタグが消えたり、新たに見えたりすることにより把握されます。

これらの情報をもとに、このキッチンでは、次の情報支援を行うことができます。①キッチンディスプレイに、現在および次に行われるであろう調理作業のインストラクションを、また、②次に利用すべき調理道具あるいは食材をロボットが音声で指示します。さらに、③それがどこにあるかをロボットが

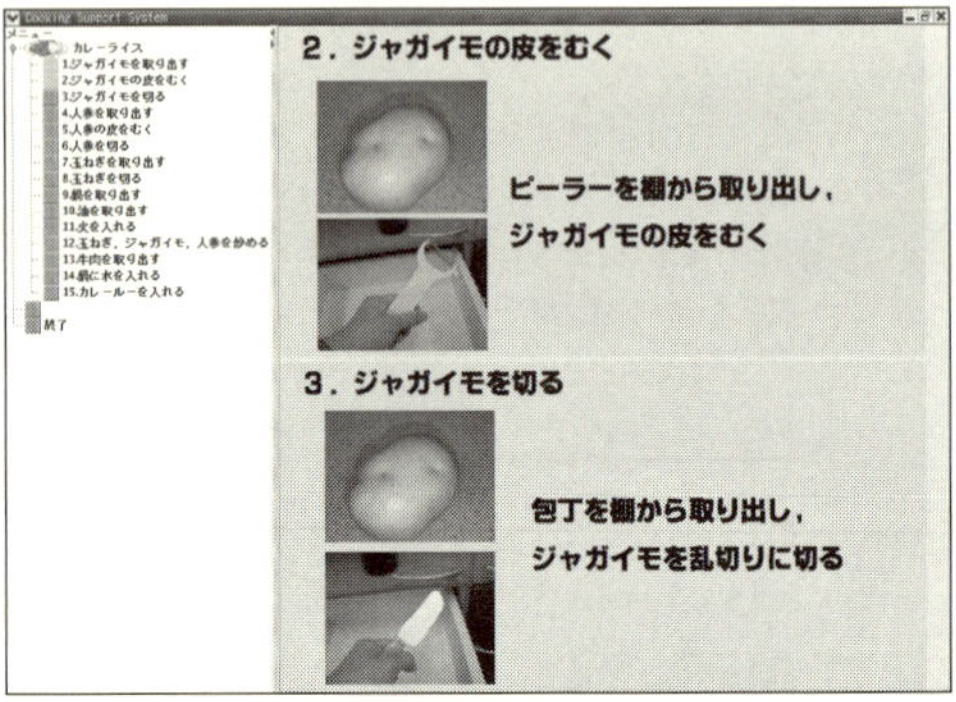

キッチンディスプレイに表示されるインストラクション

指さしして教えてくれます。たとえば、現在行われている調理作業が「ジャガイモの皮むき」であり、次に行われるであろう調理作業が「ジャガイモを切る」と予測されたとします。①キッチンディスプレイには、上の画像に示すように、それぞれの作業に関するインストラクションが自動的にスクロールされながら提示され、②ロボットは「次に包丁を引き出しから取り出しましょう」としゃべり、③ＩＣタグアンテナで把握される包丁のありかを指さしして示してくれます。

このようなアイデアは、家庭だけでなく、オフィス、病院、駅、博物館など、人の生活空間に広く適用することが可能です。ＩｏＴとクラウド技術の発展により、容易に情報を取得することが可能となってきており、さらには、ビッグデータ解析の発展により、さまざまなサービスが展開されるものと期待されています。

第4章

家のなかで働くロボットのしくみ

～妻・サクラ編～

お義母さんが、わたしたち家族三人に温泉旅行をプレゼントしてくれた。その旅行から帰ってきたとき、ある事件が起きた。玄関でお義母さんが出迎えてくれたのだが、鈴木先生が出てこない。おかしい。陽太がお義母さんに尋ねた。

「おばあちゃん、鈴木先生はどうしたの？　いつもは一緒に出てきてくれるのに」

「ああ、鈴木先生ね、陽太たちが出かけた二日くらいあとにね、何かが読み取れないので休みます、とか言ってずっと寝てるのよ。ロボットでも疲れるのねぇ」

みんな荷物を玄関に置いて、すぐにリビングへ行った。すると、**鈴木先生はいつもの充電場所ではなく、リビングの片隅に立っていた。**ヒロトが言うには**バッテリーが切れているらしい。**ヒロトはロボットの設置係にもらったパンフレットを出してきて、高橋ロボットクリニックにすぐに電話をかけた。わたしとしては、ロボットが来てくれて便利なこともたくさんあるんだけど、こういう突然のエラー？　は面倒だとも思う。

クリニックの院長先生である高橋先生は三〇分ほどで来てくれた。見た目は白衣のお医者さんではなく、普通のエンジニアだ。高橋先生は鈴木先生の本体を確認したあと、家中に設置された機械類を見て回っている。すると、高橋先生が、キッチンの隅で何かを発見した。

「原因はこれですね、**センサの元電源が切れています。それでロボットが休止状態になったと思わ**

れます。スイッチを入れれば元に戻りますよ。少しお待ちください」

それを聞いて、わたしは途端に背筋が凍りついた。ロボットが最初に家へやってきたとき、ヒロトはわたしに「センサはつけっぱなしのままでいいから、電源は絶対切らないでね」、と言っていたのだ。なのにわたしはついそのことを忘れて、旅行に行く前、その電源と思われるスイッチを確かに切ったのだ。高橋先生は、穏やかに説明を続ける。

「このスイッチが切られたら、ロボットは**安全のために、できるだけ邪魔にならないところへ行って休止するようにプログラムされているんです。**すぐに元に戻りますよ」

高橋先生はもってきたパソコンを広げ、画面を操作しながら何かを確認している。陽太は興味津々な様子で、高橋先生に「鈴木先生は僕と一緒に遊んでくれたりするんだけど、鈴木先生は動物のペットとはやっぱり違うんだよね？」と質問したりしている。わたしは自分のうっかり加減にしばらく呆然としていた。すると、鈴木先生が動き出した。

「わたしの名前は、鈴木先生です。センサ信号が読み取れないため、休止状態になっていました。**空間センサデータの最終更新日**は、二〇ＸＸ年九月三日午前九時八分五六秒です」

まさしく、旅行に出かける直前の、わたしが電源を切った日時だ。陽太が喜んで鈴木先生に話しかける。

「ねえねえ、鈴木先生、みんなでお土産のお菓子食べようよ！」

鈴木先生は陽太の方へ顔を向け、いつもどおりの対応をした。

「温泉のお話をもっと教えてください。何か飲み物を入れましょう。パパさんはウーロン茶、ママさんはホットレモンティー、陽太くんは牛乳、でよいでしょうか？　莉子さんは何をお飲みになられますか？」

そこでヒロトが何かに気がついたように言った。

「僕らが温泉に行っているあいだセンサが切れてたってことは、鈴木先生は母さんについての情報を数日程度しか取得していないんだ。だから鈴木先生はまだ母さんの好みがわからないんだよ」

＊　＊　＊

サクラはセンサのスイッチをうっかり切ってしまい、ロボットが動かなくなってしまいました。鈴木先生には自律的にバッテリーを充電する機能があります。何か異変がない限り、バッテリー切れになることは考えられなかったため、ヒロトは異変を感じてロボットクリニックに連絡したのです。田中家はこの一件の事件を通じて、ロボットが人間の生活環境で柔軟に行動できるしくみについてより理解を深めることになります。

では、なぜセンサ群が動かなくなるとロボットの鈴木先生まで動かなくなってしまうのでしょうか。この章では、第１章でふれたロボットが安全に移動するために必要なしくみについて、より詳細に見ていきます。

ロボットの感覚を拡張する空間知能化

設置係の男が田中家に初めてロボットを届けにきた日に、「ロボットはこのカメラとセンサで田中さんちの状況をずーっと見てるんです」と話していたのを覚えているでしょうか。

ロボットはロボットに搭載されたセンサだけでは自分がどこにいるのか、今どこに誰がいるのか、どこに何があるのか、といったことを非常に限られた範囲でしか知ることができません。ロボットに搭載されているセンサに限らず、どんなセンサにも観測範囲というものがあります。たとえばカメラには、画角と呼ばれるカメラで撮影される範囲があります。それがセンサの観察範囲です。つまり、ロボットに搭載されたセンサしか使えないとすると、ロボットが把握できる人やものの位置はロボットから観測可能な範囲に存在するものだけに限定されるということになります。

では、こちらのホームロボットである鈴木先生に莉子の見守りをお願いするには、どのようなしくみが必要でしょうか？

このしくみを実現する一つのアプローチが空間知能化です。すなわち、小さなセンサをこちらの家のなかのあちこちに設置して、ロボットが知覚できる範囲を小さなセンサのネットワークによって拡張します。センサはカメラということもあるでしょうし、ドアの開閉を検出するような圧力センサということもあるでしょう。あるいは、レーザ光線を使ってより広範囲にわたって物体までの距離を測ることができるようなセンサもよく使われます。

空間を観測する機能をロボットだけでなく空間（環境）にも設置して、ロボットがこの観測情報を使えるようにすることによって、ロボットは自分が家のなかのどこにいて、人やものが家のなかのどこにあるかという情報を獲得することが可能になります。空間知能化の一つの機能は、ロボットの感覚を空間に拡張することと言えます。

この実現のために、設置係はセンサの配置位置を念入りにチェックしたはずですね。センサが空間に広がっていても、それだけではどこかのセンサが何かを映しているだけ、とも考えられます。では、どうやってロボットは「家の中のどこに誰がいるか」を知ることができるのでしょうか。

空間知能化のためのセンサデータの統合

空間知能化のもう一つのカギが「ネットワーク化」です。センサが壁や天井に設置されただけでは、どのセンサからどこの何を見ているのかわからず、全体を把握することができません。どのセンサがどこにあって、そこから何を観測しているのか、空間全体を知るためには、センサ情報はネットワークを介して統合される必要があります。そして、センサ自体が家のなかのどこにあるかを知っておく必要があります。そのため、観測する空間に位置座標系をあてはめて、センサ情報を統合し、処理することによって、ロボット自身の位置に限定されることなく、観測対象となっている空間のどこに誰がいるかがわかるようになります。ただし、対象となっている人物や物体を特定することは個人認証や物体認識という技術がさらに必要になります。

鈴木先生が家に来るとき、ヒロトたちも設置係に間取り図を渡したことと思います。設置係は間取り図を見て各センサが家のなかのどこにあるのかを確認し、その位置を各センサに設定したことでしょう。
家のなかに設置したセンサ群を使って、人やロボットの位置だけでなく、壁や家具などロボットの移動を妨げるもの（障害物）の位置も獲得します。ロボットとこの情報を共有できるようにするため、ロボット用の地図として情報をまとめます。これを環境地図といいます。そして、ロボットが自分の位置を把握することを自己位置認識と言います。ロボットの鈴木先生は空間知能化によって獲得された環境地図を参照して、家のなかのどこに誰がいるのか、自分がどこにいるのか、どこが通れてどこが通れないのかを把握しています。

ロボットが見守りをするためには、誰がどこにいるかという環境地図があれば実現できるでしょうか。ものの位置を知るだけでは見守りは実現できません。見守るべき対象は何か、その対象に異変はあるのか異変はないのか、異変があった場合はどんな対処を行うのか、その場の状況を理解しながらロボットは行動していく必要があります。また、鈴木先生は見守りだけでなく、ヒロトの晩酌につきあったり、陽太の遊び相手になったり、サクラの家事を手伝ったり、いろいろな機能があるようです。つまりロボットは適切なタイミングに適切な仕事をすることが求められます。この計画や判断はどのようにして行われるのでしょうか。

空間知能化の正体とは？　そしてロボットの正体とは？

家の中に設置したネットワーク化したセンサ群をセンサネットワークといいます。センサネットワークによる「観測」というのは空間知能化というしくみの一部分です。

人の生活はそれぞれの家族、それぞれの人で異なります。そのため、ロボットがすべき仕事のタイミングをすべてあらかじめ決めておくことは現実的ではありません。そのため、適切なタイミングに適切な作業を行うために、観測して状況を「理解」することが不可欠となります。状況を特定できれば、その状況にあった仕事をロボットは実施できるようになります。「空間の観測を行い、状況を理解して、状況にあった仕事を実施する」という一連のプロセスを「空間知能化」といいます。

物語のなかで、鈴木先生が家族のみなさんに飲み物を提案するシーンがあります。おやつの時間に家族のみなさんがどんな飲み物を好むのか、鈴木先生は知っているようでした。空間知能化のセンサによって得られた観測結果を蓄積することによって、特徴的なデータを抽出することが可能になります。飲み物の好みもデータの蓄積から獲得したものです。好みの飲み物がわかれば、ロボットはそれを提案したり、実際に用意をしたり、仕事を実施することが可能になります。空間知能化とロボットの連携によって具体的な仕事の実施が可能となります。

実際に仕事を行うには、ロボットのようなハードウェアが必要です。また仕事に適したハードウェアを選択する必要もあります。ロボットなどのハードウェアもネットワーク化されて知能化された空間の一部と見ることができます。空間全体の状況および、使用可能なハードウェア群も把握できる知能化された空間は、どんなタイミングにどんなロボットを使ってどんな仕事をすればよいのかという合理的な計画と判断を行いやすいといえます。

ロボットの鈴木先生はこの空間知能化と人をつなぐユーザインタフェースといえます。ネットワーク化されたセンサやデータは直接見えませんが、鈴木先生を介することによって人は知能化された空間とやりとりできると考えることができるのです。鈴木先生は空間知能化の物理的なエージェントともいえます。

そして、今回の事件の全容は

今回の事件のすべては、サクラがセンサのスイッチを切ってしまったことが始まりでした。そしてヒロトたちが帰ってきたときには、鈴木先生はリビングの片隅でじっと立ち止まって動きませんでした。ヒロトが気になったのは次の二つのことです。一つは「自動充電機能がある鈴木先生がなぜリビングの片隅で止まってしまったのか」ということです。充電さえできていれば、鈴木先生は止まらずにすんだのでしょうか？　もう一つは「センサのスイッチが切られていたあいだ、得られるはずであったデータが得られなかったための影響は何か」ということです。

もし鈴木先生の自動充電機能が機能していれば、バッテリー切れになってどこかで立ち止まるということはなかったでしょう。しかし、空間知能化のセンサシステムが動いていなかったことが鈴木先生の自動充電機能が正常に機能しなかったことのおもな原因であると考えられます。つまり、鈴木先生は空間知能化によって作成された環境地図がなければ正確に家のなかでのものの位置、人の位置、自分の位置を得ることができないためです。鈴木先生に搭載されたセンサだけでは、鈴木先生の自己位置認識にズレが生じ始め、生じたズレを直せなければそれが大きくなり続けますので、その結果、正しく充電を行うことができずにバッテリー切れにつながったと考えられます。

ただ、鈴木先生は「リビングの片隅に立っていた」とあります。これは偶然でしょうか。「リビングの片隅」というのは、きっと家族のみなさんの生活の邪魔にならないところなのではないでしょうか。鈴木先生は空間知能化によって作成された環境地図を参照して、みなさんの生活の邪魔にならないところを選んだことが考えられます。

人の生活する空間の特徴をロボットが理解できるように、そしてロボットの行動設計に役立つように空間知能化のプロセスにおいて環境地図を構築しています。今回田中家の環境地図には家族みなの歩行軌跡から家のなかの空間の使用頻度が書き込まれていました。鈴木先生はその地図を参照できますので、自分の位置を見失いバッテリー切れになって移動できなくなる前に、莉子の生活の邪魔にならない場所を選んだものと考えられます。図4-1を見てみましょう。これは環境地図の一例です。色の濃いところほど人がよく立ち止まった場所を示しています。薄く色がついているところは人が通った場所です。たとえばリビングルームであれば、ソファや本棚の前などにこのような跡ができます。鈴木先生はこの地図の色のついていないところを選べば、人が通ったり滞在した

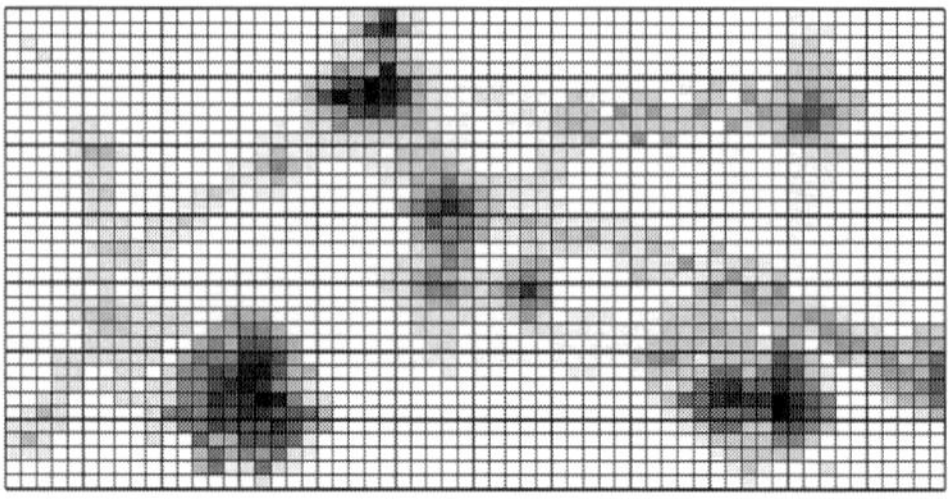

図4－1　空間の使用頻度を記した環境地図の例

りしにくい場所を選ぶことができます。

次に、センサシステムが停止しているあいだ、鈴木先生は得られるはずのデータが得られなかったせいで、何か影響はあったか、という疑問です。鈴木先生の「莉子さんは何をお飲みになられますか？」という発言にその影響が現れています。ヒロトも気づいているように、鈴木先生は莉子の好みがわかるだけのデータを収集できなかった、ということが、センサシステムが停止していたことのおもな影響といえます。

精度の高い状況推定や生活の特徴的な習慣を獲得するためには、活動の観測と記録、そしてその更新が不可欠といえます。しかし、空間知能化の観測機能が停止していたために、この一週間は観測、理解、働きかけという空間知能化のプロセスが機能しなかったということです。莉子と鈴木先生の関係の変化を楽しみにしていたヒロトはとてもがっかりしたことでしょう。

時間をかけて習慣を獲得するだけでなく、ロボットに好みのものを直接設定できた方が使用者にとっては便利なこともあります。たとえば莉子の好きなお茶はちょっとマイナーなお茶のようなので、高橋先生に直接設定してもらうとよさそうです。

さて、今回の事件を通じて、家のなかでロボットが働くためのしくみとして空間知能化技術についてみてきました。家に合わせてセンサ群を設置したり、必要な機能に合わせてロボットを選んだりする必要もあります。各家庭に合わせて、空間知能化を設定するのは非常に大変そうにも思えますが、鈴木先生を設置に来た設置係は一時間程度で作業を終えて、それほど大変な設定を行っているようにはみえません。ここにはどのような技術が使われているのか、それを紹介します。

空間知能化の拡張性と柔軟性を実現するソフトウェア技術

一台のロボットを見てもそうですが、ロボットというのは様々な要素で構成されています。たくさんのセンサとたくさんのアクチュエータ、そしてそれらをつなぐネットワークがあり、データを処理し運動を計画する計算機があります。ロボットの使用用途に合わせてセンサを変えたいこともあるでしょうし、もしかしたら、ロボットの右腕だけ変えたいということもあるかもしれません。このような細かなリクエストに簡単にこたえられなければ、ロボットを使うのが面倒になってしまいます。そのため、部品の交換や部品の追加、削除をいかに簡単に行えるかということが重要となり、結果として現実の日常生活のなかでロボットを使用するのが現実的に可能かということに直結します。

空間知能化やロボットシステムの拡張性と柔軟性を実現するソフトウェア技術が必要となり、それにこたえるのがＲＴ（Robot Technology）ミドルウェアという技術です。

ＲＴミドルウェアというのは、センサやアクチュエータのハードウェアだけでなく、処理部のソフトウェアも含めて部品化します。そして、部品化された要素をつなぐようにして全体のシステムを構築することを可能にするしくみを提供するものです。部品化された要素のことを、コンポーネントやノードといいます。このしくみによって、部品の種類を簡単に変えられる柔軟性が得られ、そして、部品の数も簡単に変えられる拡張性を備えられます。

必要なセンサの種類や数、またそれらのセンサデータをどのように処理したいかも、各家庭によって異なり、各家庭における必要性にあわせてその都度システムを構成していく必要があります。その際にも、各センサ、各アクチュエータ、各サービスのための処理を部品化しておき、それを組み合わせてシステム構築が可能なＲＴミドルウェアが有効です。

このＲＴミドルウェアを使ったシステムの構築にはもう一つ大事な特徴があります。それは、このような設置作業がロボット工学の知識がなくても実施できるということです。必要なものはすべて部品化されているので、どの部品をどう使うのかさえ知っていれば、あとは組み合わせるだけです。組み合わせのスキルは問われますが、部品化そのもののスキルは問われません。つまり、専門家でも専門家でない人でも根本的な技術のスキルの差に関係なく、同じ質のシステムを構築可能ということになります。空間知能化というのは既製品を組み合わせつつも、その空間に適した構成をオーダーメイドで構築できるということになります。

最後に、人と共生するロボットの種類とロボットの役割について見てみたいと思います。たとえばシナリオのなかで陽太が次のような疑問を持っていましたね。

「鈴木先生は僕と一緒に遊んでくれたりするんだけど、鈴木先生は動物のペットとはやっぱり違うんだよね？」

この疑問に答えてみたいと思います。

ロボットの種類とロボットの役割とは

人と共生するホームロボットにはペットロボットとよばれる種類のロボットもあります。陽太の家のホームロボットである鈴木先生は単にペット（生き物）のように人と暮らすだけではなく、家事手伝いもするので、サービスロボットとよばれる種類のロボットに分類することができます。

陽太と鈴木先生は非常に仲が良さそうです。鈴木先生はまるで陽太のペットのようにも見えます。どのようにロボットをペットのようにふるまわせることを実現しているのでしょうか。またこのことにどのようなメリットがあるのでしょうか。

ロボットをペットのようにふるまわせる一つの方法に、動物行動学で明らかになった犬の愛着行動をモデルとする方法があります。動物行動学では、どのような状況のときに犬はどのようにふるまうかというモデルが得られているので、それをロボットに応用するという方法です。犬は飼い主とその他の人を区別して、人との関係に応じて行動します。鈴木先生の場合も、犬のふるまいをモデルにして、家族に愛着を示すような行動モデルが与えられています。鈴木先生はご主人としてのヒロトを識別して、ヒロトが大切にする陽太、サクラも大事な人として認識します。ちなみに、この認識はあらかじめシステムに設定しなくても、空間知能化による観測結果に基づいて実現できます。その結果、陽太が帰ってきたときと見知らぬ人が家にやってきたときとでは鈴木先生は違った行動をとることになります。

このように、ロボットが人との関係によってふるまいを変えることによって、人とロボットがより豊かなコミュニケーションをとることにもつながります。たとえば、鈴木先生が玄関で警戒している様子を示したら、陽太でも誰か知らない人が家に来たのだということがすぐにわかります。このように言葉を用いないコミュニケーションを非言語コミュニケーションといいます。この愛着行動はペットのように懐いて人と仲の良い関係を築けるだけでなく、ロボットのふるまいを見ることによって、鈴木先生とその人の関係を理解するにも役に立ちます。見守りをする様子がそのふるまいからわかるということです。

家庭内で共存する鈴木先生のようなロボットを想定した場合、ペットとロボットはそれぞれ家族の一員になり得るもので、その点では差はないのかもしれません。しかしロボットの場合は、淡々と与えられた命令をこなす機械のようにふるまわせることも、あるいは使用者の一歩先を予測しながらサービスを提供するサーバントのようにふるまわせることも可能です。一方、作業の実施よりも使用者とのコミュニケーションを優先するようなペットのようにふるまわせることも可能です。どのようなロボットが望ましいかは使用者が期待するロボットの用途、あるいは好みで決められるという点がペットとロボットの違いと言えます。

第5章

人と人とのコミュニケーション

～息子・陽太編～

パパやママが帰ってくるまでに、宿題を片づけないといけない。僕のうちには最新のロボット、鈴木先生がいる。鈴木先生は、どんなことでも教えてくれるはずだ。

「ねえ、鈴木先生、宿題を一緒にやってよ。算数だから、鈴木先生は得意だよね」

「早めに宿題をするのは良いことです。ではきちんと机に座ってやりましょう」

「うん、じゃあ、まず、三たす九はいくつ？」

「いくつになると思いますか？」

「僕がそれを聞いてるんだよ、鈴木先生ならすぐわかるんだろ？」

「わたしがみかんを三つもっているとします。陽太くんはりんごを九つもっています。わたしのみかんと陽太くんのりんごを合わせると、いくつになりますか？」

「みかんとりんごが合わさるわけないだろ！　別のくだものなんだから！」

鈴木先生に宿題をやってもらう作戦は失敗した。

「ねえ、鈴木先生にもロボットの友達っているの？」

「ロボットの仲間はたくさんいます。車輪型、アンドロイドなどさまざまな人間型ロボットがいて、ヒューマノイドといいます」

「そっか。鈴木先生はなんでそんな顔になったの？」

「わたしの見た目のデザインは、ママさんが決められたようです。オフィスなどで働くロボットには、面長のマネキンタイプの顔が好まれますが、家庭用では、わたしのような丸い顔を選択する人が多いようです。**丸みを帯びた顔の方が、親しみを感じやすいようです**」

「鈴木先生はさ、ママと一番たくさんしゃべってるよね、パパよりママが好きなの？」

「陽太くんほどの年頃ではあまり違いはなさそうですが、**大人は男性より女性の方がよくしゃべるんです。**なので、わたしも話しかけてくれる人間に応じて、お返しする言葉を調節しています。そうするとママさんと話す時間の方が、パパさんに対してより長くなります」

「ふーん。じゃあ、こないだ僕の友達のママが家に来て、鈴木先生と話してたでしょ。そのときね、**僕のママと話すときと、鈴木先生の話し方がなんとなく違う**って思ったんだけど、何が違ったの？」

「なかなか気がつきにくいでしょう。今度よく観察してみてください」

「大事なことは全部教えてくれないんだな！」

学校の宿題と、自分にとって大事なことは、自分でやるしかなさそうだ。

＊　＊　＊

陽太は、ロボットのさまざまな「デザイン」について疑問が出てきました。ロボットの外見には何か意味があるのでしょうか。人とコミュニケーションをうまくとるためにはどのような動作をすればよいのでしょうか。ロボットと人のコミュニケーションを円滑にするためには、人と人とのコミュニケーションを理解し、それをロボットにうまく応用することが大切です。対人コミュニケーションの場合、言葉以外については、多くの場合、あまり意識せずに行われています。しかしながら、そこには、相手との相互の理解に有用なルールが多数あるのです。ロボットと人との関係を考えた場合に、特に重要な手がかりとして以下の点があげられます。

①「見える」ことは大きなインパクトを与えます。であれば、顔、体つきといった外見がやさしく親しみやすいのか、あるいは、いかにも怖そうなのかなどは、人間を近づけも遠ざけもする第一の手がかりになります。②会話中の身振り手振りといった動きは、ダイナミックに伝えたい意図や感情を伝え、読み取りやすさに影響します。さらには、③会話のさなかに示す、うなずきやあいづちといった、ちょっとしたなにげない動きも、相手に対する心理的なサインの重要な手がかりになるのです。このような視点について、以下に説明します。

顔のコミュニケーション性

人の場合、相手はどんな人なのか、もっと知りたいと思ってはたらきかける際には、見かけが大事です。たとえば、いかにもにこやかで人がよさそうなら、こちらも気を許せそうですし、眉間にしわでも入っていると、気むずかしそうで面倒だなと思います。見かけは人に与える印象に、大きな影響があります。

誰にも顔はあり、しかも千差万別、人それぞれを示すものです。たとえ一卵性双生児の人であっても瓜二つとはいえません。顔とは、ほかの人とは違う、その人のいわば「看板」みたいなもので

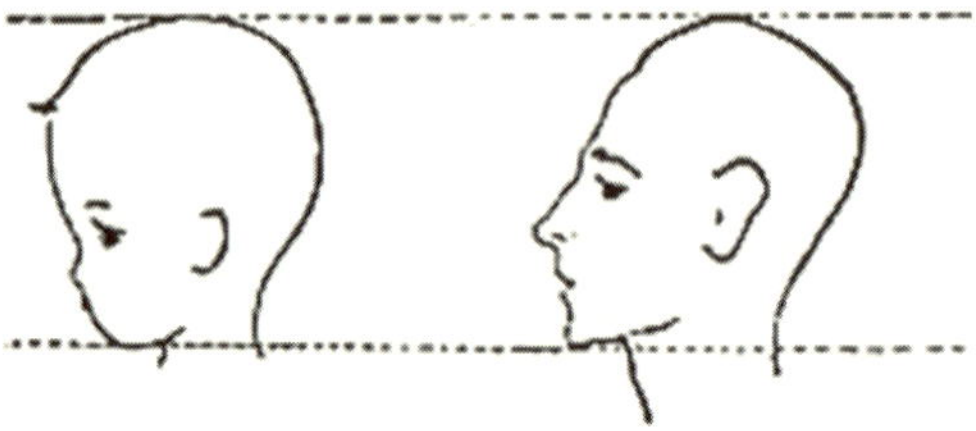

図5－1　ベビー図式の一例[3]

す。ですから、顔の特徴にもきっとその人らしさが表れていると考えたくなるのです。ぽっちゃりした丸顔だと穏やかな人ではないか、眉間が狭くしわでもあると、気むずかしい人ではないか、あるいは、目尻が下がっていると気さくでおっとりした人ではないかなどと考えがちです。

　女性の顔の場合、大きな目、小さな鼻、小さな顎、両目の間隔が長いことなどの乳児的な特徴、突き出した頬骨、狭い頬などの性的成熟の特徴、眉毛の位置の高さ、上下の唇間の距離、大きな瞳などの表現力を示す特徴が対人魅力の要因であるとされています[1]。なお、男性の顔についての同様な研究では、大きな目、突出した頬骨や大きな顎、口唇部位の面積の大きさが主たる魅力の要因になっています[2]。

　保護したいと思わせるような幼い子どもの顔の特徴は、大きな頭部、額の上下高、大きな目、小さな鼻、小さな口、小さな顎、両目間の長い間隔、体表部の平板さ、全体的にふっくらした丸みなどです（ローレンツのベビー図式に通じる特徴です、図5－1参照[3]）。このような外見的特徴をもつ者を、迅速に発見するようにいわば本能的に組み込まれたメカニズムなのだろうといえます。この子ども顔の特徴は、成

(a)　(b)　(c)　(d)

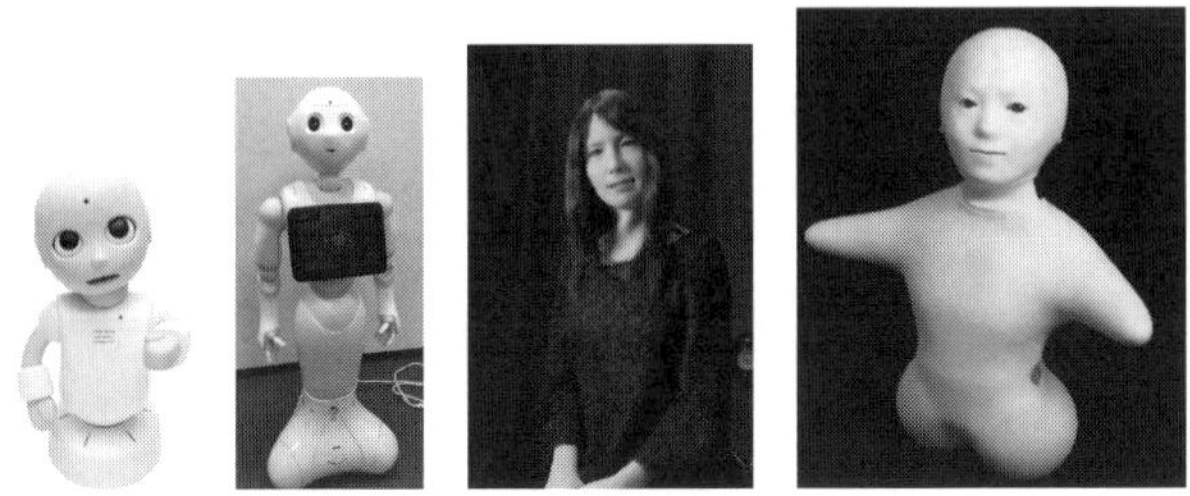

(a) コミュー：ERATO石黒共生ヒューマンロボットインタラクションプロジェクト
(b) ペッパー（Pepper）：ソフトバンクロボティクス
(c) ジェミノイド™F は、大阪大学と国際電気通信基礎技術研究所（ATR）石黒浩特別研究所により共同開発されたものです。
(d) テレノイド™ は、大阪大学と国際電気通信基礎技術研究所（ATR）石黒浩特別研究所により共同開発されたものです。

図5-2　さまざまなロボットの顔[5]

熟した顔に比べて、あたたかく、正直、ナイーブ、服従的、弱いとも見なされています。

さらには、社会的に活発な（話し好き、陽気など）印象を与える特徴は、目尻が上がっている、縦長の目、狭い眉間、大きな口、短い顔などです。また、神経質な（暗い、不安になりやすいなど）印象は、広い眉間幅、下がった目尻、横長な目、あまり縦長ではない目、高い鼻、面長な顔などが有意に関係しているので[4]、デザインの手がかりになります。

そこで、実際に開発されているロボットのデザインを見てみましょう。産業用ロボットの場合には、仕事内容上の有能さが期待されるので、外見は優先されませんが、ホームロボットの場合には、人との相互作用が主眼となるので、人に与える印象が重要です。

人に与える印象はロボットによりさまざまで

す（図5-2）。たとえば、(a)のJST・ERATO・石黒プロジェクトの「コミュー」などは、丸顔、大き過ぎるほどの目など、いかにも赤ちゃん的な顔をしています。(b)ソフトバンクの「ペッパー」の顔も同様に子どもっぽい特徴を備えています。このような特徴の顔は、子どもっぽく、かわいい、優しく接しなければという気持ちを抱かせるものです。

これに対して、デパートで販売を担当したり、演劇で役を演じている大人の外見特徴を備えた「ジェミノイドF」の例があります（図5-2(c)）。自分と同じような「大人」に対するような応答をしています。

また、体型や顔つきなど特定の人間の要素をそぎ落とすことで、いろいろな人のイメージを重ねられる意味合いが込められている「テレノイド」の例があります（図5-2(d)）。顔かたちの特徴を削り、抽象化し、外見が相手に与える一種の拘束力を抑え、接する者の自由な発想を投影することを意図しているとのことです。これは、外見よりも接触感覚によるイメージ拡大を目的とした例ですね。

これらのロボットのように、最近では特に、人間らしいロボットの開発が進んでいます。しかしながら、人間らしいロボットは、本当に親しみやすいロボットなのでしょうか？　この点については、「不気味の谷」とよばれる理論が有名です。[5] 図5-3に示すとおり、たとえば、単なるアームロボット（図の人間との類似度〇—一〇％付近）に比べると、頭部や腕のある人間らしいロボット（図の人間との類似度五〇％付近）になるにつれて、徐々に親しみがわいてきます。しかし、人間

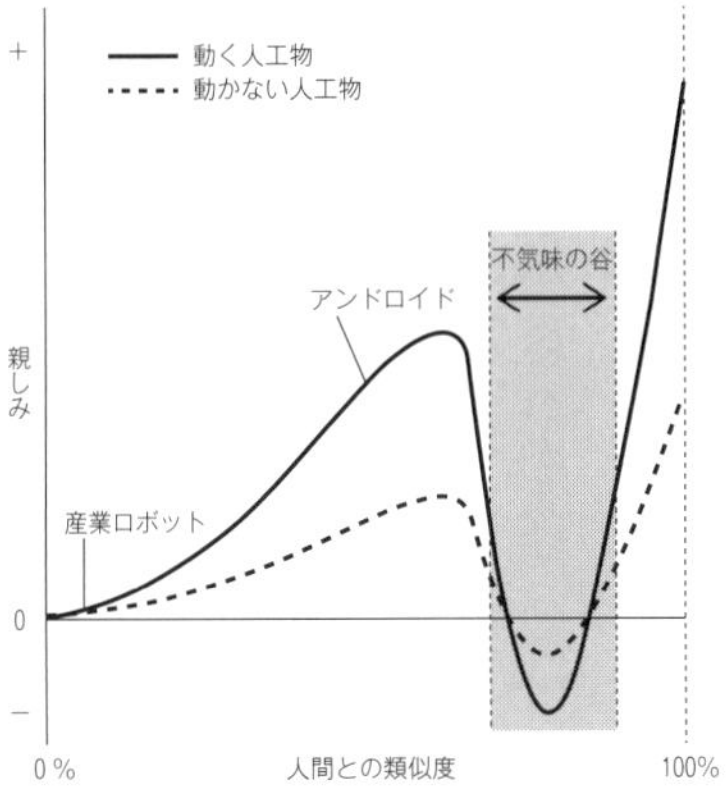

森（1970）を参考に作成。
図5－3　不気味の谷[5]

らしすぎるロボットになったとたんに、突然、不気味さが出てきて、親しみの程度が急激に下がるのです。この急激に下がったポイントが、不気味の谷とよばれています。その後、本当の人間のように、人間らしさが高くなると、不気味の谷を越えて、再び親しみやすさは上がっていく、というのです。

この理論は、人間一般の直観にとても合っていて、提唱されたのは一九七〇年と古いですが、今でも世界的に頻繁に取り上げられています。では、この理論を、現代のロボットに当てはめるとどうなるのかを見てみましょう。図5－4は、現在開発されている新しいロボットを複数用いて、日本人約二六〇〇人を対象に調査を行い、ロボットの人間らしさと親しみやすさの関係を、心理学的に分析したものです。分析の結果、一一体のロボットは、六つのグループに分かれました。グループごとの違いを見てみると、おもしろいことに、不気味の谷がいくつか存在して

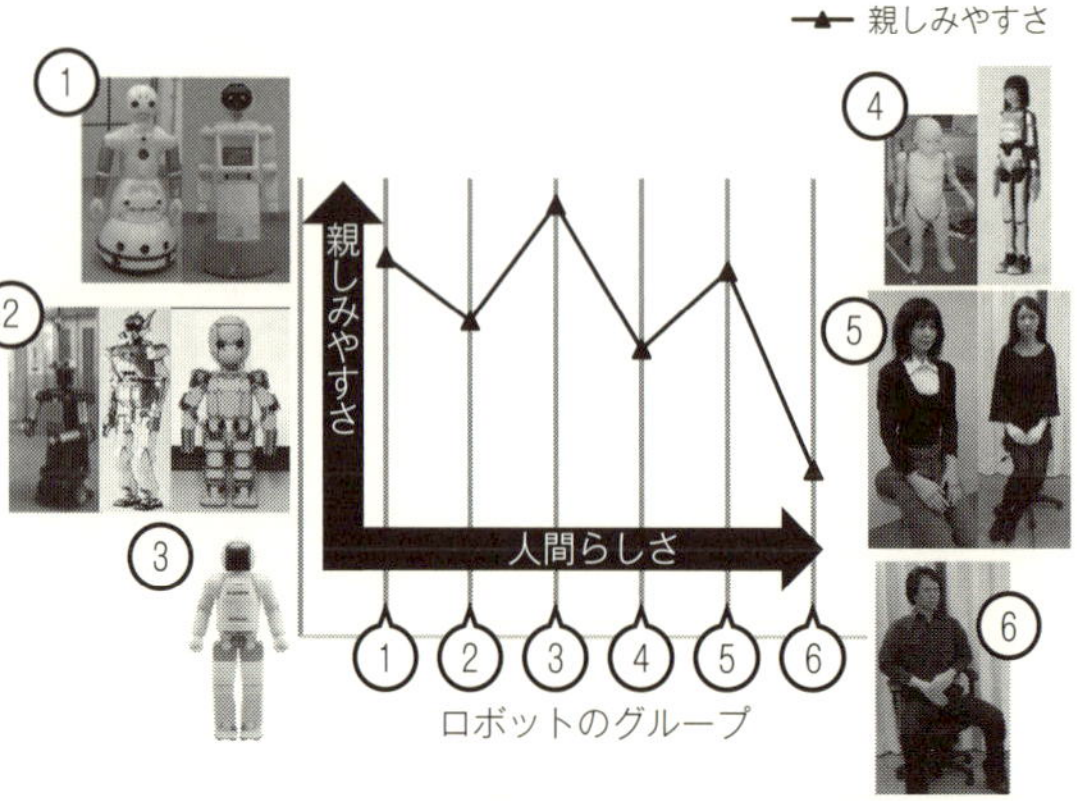

図 5 - 4　ロボットの人間らしさと親しみやすさ

いることがわかります。[6]

グループ①は車輪型で、②のロボットたちよりも、人間らしくない、という評価になっていますが、親しみやすさの点からいうと、①の方が高いようです。グループ②のようなガチガチした外見は、「指をつめそうで危ない」などの不安の原因になる、というデータも出ています。最初の谷を越えているのが、③のロボットです。テレビやニュースでおなじみになっている、というのも、親しみやすさの一因でしょう。しかし、最近のペッパーの人気を考えてみても、白くて丸い、という外見は、親しみやすさを上げる重要なポイントとも考えられます。二つめの谷は、一部のみ人間らしい外見をしているロボットです。おおよそ人間らしくても、少し人間らしくない点に、人は敏感に反応して、不気味さを感じるようです。この点で、不気味の谷の理論でいう谷に、最も意味が近いと思われます。この谷を超越したのが、見た目が完全に人間らしいアンドロイド（グループ⑤）です。現在の日本のロボット技術は、不気味の谷を超越したといえます。グループ⑥の新たな谷については、説明がむずかしいですが、思いきって書くとすると、ロボットのモデルになった人間の印象が、ロボットにも移っている可能性があります。モデルはあの有名な大阪大学の石黒浩教授ですが、全身真っ黒な服装であまり笑わないとなると、仕方ありませんよね。ですが実際のご本人は、非常に優しくておもしろい、実に親しみやすい方です。

ダイナミックな動き：ジェスチャー

見た目の次に大事なのは、動きです。手、腕、脚などのジェスチャーは言葉の意味を補足したり、和らげたりするのに便利です。なんらかのメッセージを伝える際に、言葉は抽象化されたものなので、伝えたい事象・事柄に対して間接的です。たとえば、「解決できないことがあり、どうしていいかわからない、困っている」様を言葉で伝えるだけでなく、「両手で頭を抱え込んだり、抱え込んだ頭を振る」動作は、その意味をストレートに伝えることができます。その様子は受け手にとっても言葉以上にわかりやすい。このようにジェスチャーをうまく使うことによって、言葉で伝える意味を強調したり、ニュアンスを弱めたりとコミュニケーションの効率は一段と増すのです。

ジェスチャーは、大きくは三つのカテゴリーに分類することができます。[7][8] 一つめは、「エンブレム（表象）」です。その動作が、特定の言語的意味をもつもの。人差し指と親指で丸を作るＯＫサインなどがその例です。エンブレムは言葉と同じように文化によって異なるので、ある文化では問題のないジェスチャーが別の文化では否定的な意味をもち、問題となることもあります。日本では小指を立てるのは、女の子や恋人の意味になりますが、アメリカでは男性を揶揄する意味にもなります。

二つめは、「イラストレータ（例示）」です。これは発話と結びついています。たとえば、言葉で表していることを補足するように、ジェスチャーで示すことがあります。物の形や大きさを宙に描いて示すなどです。建物の位置関係を説明する際に、「○△ビルの右に花屋さんがあり、左隣にケーキ屋さんがある」と言いながら、その位置関係を宙に右手、左手で示すなどです。

三つめは、「レギュレータ（調節）」です。話し手の話すスピードの調整をしたり、話しのポイントを整理するのに便利です。一つの論点を話し終えたあとに、「次は……」と言いながら、人差し指を上に動かすなどがそうです。自分の話のテンポが速くなってくるにつれて、手を上下に頻繁に動かすなどもこの例に該当します。もし、レギュレータが使えなければ、話しの流れの区切りがつきにくく、一本調子になってしまいます。

ジェスチャーをタイミングよく、適切に使うと、ダイナミックで話しがよくわかると受け取られがちです。あまりジェスチャーを使わない人は、堅苦しく、言っている意味がよくわからないと思われがちです。さらに、ジェスチャーすることによって、本人自身、自分の伝えたいことを整理しやすく、スムーズに話しやすくもなるのです。聞き手にとっても話しの流れを目で見て区切り、整理しやすくなります。

参加者は各ブースでプレゼンを見た後、抜き打ちでプレゼンの内容をテストされます。

図5-5　ロボットによるプレゼンテーション実験

ロボットにも、適切なジェスチャーというのはあると思いますか？　近年、訪日外国人が急増しています。そのためのロボットの実用例として、道案内や、博物館などでの説明員として活躍することが期待されているのです。ロボットであれば、何語でも話せます。しかし、多言語を操るだけで十分なのでしょうか。

ロボットにプレゼンテーションをさせて、抜き打ちテストで情報伝達の正確さが調べられています（図5-5）[9]。ロボットの音声は実験条件ですべて同じですが、プレゼンするあいだのジェスチャーが条件ごとに違います。実験の結果、聴衆に対して注意を喚起する動作（両手を広げて、人へ顔を向けるなど）と、スクリーンの重要語を強調する動作（重要語を指でポイントし、文字へ顔を向けるなど）をすると、実験参加者の抜き打ちテストの成績が良いことがわかりました。いずれかの動作が欠けたり、両方せずに意味のない動作の繰り返しをしていると、抜き打ちテストの成績は悪かったのです。音声はまったく同じものを用いているにもかかわらず、意味のない動作を繰り返す条件では、ロボットが何を言っているのかわからない、という評価になりました。

ロボットであっても、情報伝達を正確に行うためには、身振り手振りを適切にデザインしていく必要がある、ということです。国外から来るさまざまなお客さんに、ロボットは道案内をじょうずにできるでしょうか。動作における文化差も重要となりますが、これも現在、国際的なロボットのプロジェクトで研究が進んでいます。

何気ない動き：うなずきと対人距離

ジェスチャーほど大きな動きではないですが、相手の反応として、「うなずき」があります。聞き手がうなずいてくれると、スムーズに話しやすいですね。これ、実は簡単な反応ですが、コミュニケーションを円滑に促すものです。

男性就職志願者との雇用面接場面で、面接者のうなずきを操作し、それが志願者の発言行動に及ぼす影響について検討した研究があります[10]。面接者のうなずく回数が多くなるほど、相手の発言時間は約五〇―七〇％も増えたのです。

面接者のうなずきは、話し手の話をよく聞いています。言っていることに賛成ですという、社会的な承認を与えるという意味があるのです。それを受けて話し手も満足し、「お返し」として発言時間も増すのです。

2001年に発売された話しかけるとうなずく動作を行うことに特化したロボット。岡山県立大学渡辺富夫「引き込み」（シンクロニー反応）の研究に基づいて制作されたもの。

図5－6　うなずきくん

話し手はあいづち・うなずきを打つ聞き手を好意的に評定することも確かめられています[11]。さらに、実験者に指示されて行ったあいづち・うなずきでありながら、聞き手も自分があいづちをうった話し手の方を好意的に評定していました。これは、自分の行為が相手を肯定するものであることは広く承知されており、自分がその行為を行ったということ自体が満足感をもたらしていると考えられます。このようなささやかな行為であってもそれが社会的承認の満足をもたらし、コミュニケーションをさらに促す報酬になるのです（図5－6は、うなずくロボットの例）。

うなずき以外にも、何気なく行っている行為として、わたしたちは、相手との関係に応じて、快適な距離をとるということがあります。恋人や親しい友人の場合には距離が短いですが、上司や会うと緊張するような人にはあまり近づきすぎないようにしています。暗黙裡に自分が容認している距離よりも相手が近づくと、身を引いて一定の距離を保とうとするし、不快感も伴います。この自己の延長としての距離ゾーンを四段階に分けることができます[12]。すなわち、密接距離（相手の存在が明確に捉えられ、密度の高い接触が可能、〇―四五cm）、個体距離（相手を視覚的に捉えることができ、比較的容易に接触できる、四五―一二〇cm）、社会距離（努力せずには相手に接触できない、ビジネスでのコミュニケーションに伴う距離、一・二―三・六m）、公衆距離（相手との関与は低い、講義、演説など、三・六―七・五m以上）です。

なお、日本人については、相手との知り合いの程度（親密さ）によって、排他域（〇―五〇cm）、会話域（五〇―一五〇cm）、近接域（一・五―三m）、相互認識域（三―二〇m）、識別域（二〇―五〇m）に分類されます[13]。各々やや長めですが、ほぼホールの段階分けに近いことがわかります。

このような対人距離のとり方は、一方向についてのみ成立するものではなく、広がりがあります。この空間は、相手との関係によって伸び縮みするもので、当人の動きに伴って移動するポータブルな「なわばり」ともいえます。これはパーソナル・スペース（個人空間）と名づけられています[14]。その中心は人間の身体であり、身体の延長のみならず心理的な自己の延長の意味をもっているといえましょう。

ビジネス場面なのか個人的に親しくなることが期待されているのかを判断して、相手との距離を設定することは比較的容易ではないかと思います。わたしたちは、自分の状況の手がかり、自分の行った行動結果をもとにして相手との関係を判断する傾向があります（自己知覚理論）。ですから、今よりもう少し親しくなりたいのなら、「もう一歩、相手に近づく」という微調整も有効でしょうね。

親密さを示す動作は量なのか質なのか

ところで、親しい人ほど近い距離に立つ、相互の視線量が増える、タッチングをするようになる、といったコミュニケーション「量」の多さと親密性の関係は、多くの従来研究で指摘されています。従来研究では、研究者が目で観察して計測可能な、比較的わかりやすい、明示的な動作のみが対象となる方法論的な限界があり、行動量に着目した研究が主流でした。近年では、モーションキャプチャやキネクトセンサなど、人間の動作を高精度に記録する方法があります。モーションキャプチャを用いて人間どうしの会話中の動作データを詳細に取得し、会話中の動作が客観的に分析されています[15]。未知関係のペア（親密性が低い条件）と友人関係のペア（親密性が高い条件）を比較することで、親密性に特徴的なコミュニケーション動作とは何なのか、量の多さだけなのか、あるいは、親密性のサインとなる特徴的な動作はあるのか、などを明らかにしています。

その結果、友人関係と未知関係で、上半身のジェスチャーの「量」に実は違いはない、ということがわかりました。友人であっても、未知であっても、会話中には同じくらい動いているということです。一方、友人関係の方が、未知関係よりも動作の「種類」が多い、ということが明らかになったのです。具体的には、未知関係では両脚に体重を等しく乗せて、相手に対して体を左右対称に使う（おじぎをする、両手で説明するなど）のですが、友人関係ではこの左右対称な動作に加えて、非対称な動作（片脚を出して休めの姿勢を取る、片手だけで説明するなど）が出てくるのです。動作の左右対称性について、通常あまり意識したことはないかもしれませんが、こういった何気ない動作の違いに、親密性の違いは表れています。

これから、鈴木先生のようにロボットがわたしたちの日常生活に入ってくることを考えると、毎日同じ反応、同じ動作をしているだけでは、だめなのではないでしょうか。おもちゃのようにすぐに飽きてしまいます。もちろんロボットなので、まったく同じように動けることは大前提です。ただ、人間どうしの関係のように、徐々に関係が進展していくという変化がないと、相手がロボットであっても、長期的に安定してつきあっていくのはむずかしそうです。これは、認知的な能力（ユーザの生活パターンを分析して、次の行動を予測する）はもちろんですが、実際にインタラクションする際の行動でも同じことです。ロボットが人間に対して、この人とはなかよくなってきた、この人とはまだまだ関係が浅い、ということを動作で何気なく示してくれると、関係の変化が読み取れて、飽きずにずっとつきあっていけるはずです。

そこで、結果として得られた友人に特徴的な動作と、未知関係に特徴的な動作からシナリオを作り（図5-7）、人間のCGとロボットのCGに乗せて、どの程度親しい相手と会話していると思うのかを評価しました。すると、人間の場合でも、ロボットの場合でも、未知関係のシナリオよりも、友人関係の方が、親しい相手と話しているように見えると評価されることがわかりました。人

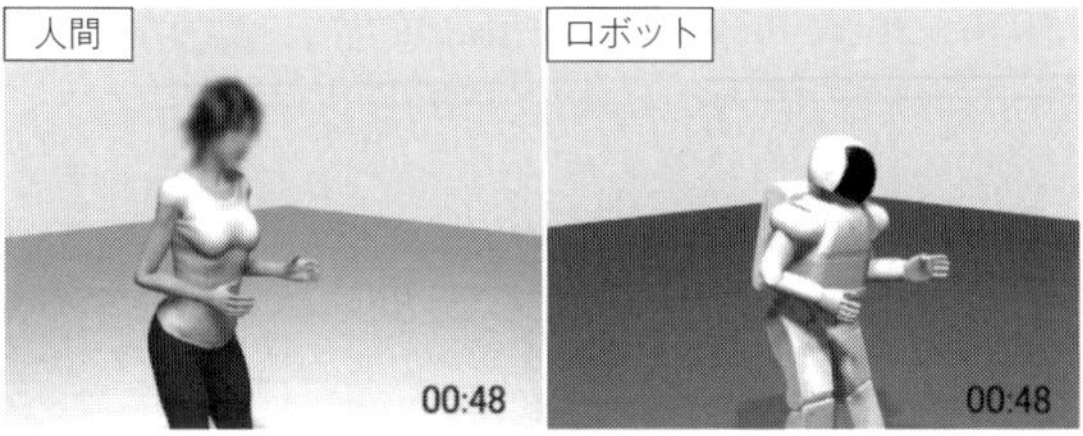

図は両者ともに友人関係シナリオ。

図5－7　人間とロボットのCG[16]

間にとって親しい動作は、ある程度、ロボットがやっても、親しみを表現できる可能性があるということです。将来的には、ロボットと人間のインタラクション回数などを参考にして、行動を親しく変えていくようなロボットを開発することも期待されます。

しかしながら、人間どうしの親しさと、ロボットとの親しさは違う、という見解も出てきています[16]。ロボットに対しては、人間に対するような内面的な信頼や愛情というよりも、まず先に、自分を認識してくれているか、自分という人間をよく知ってくれているか、というよそよそしさがない、というレベルの親密性が望まれているということです。一足飛びに、のび太とドラえもんのような濃密な相互依存関係（ドラえもんがのび太に依存しているかどうかはわかりませんが）を実現するのは、実は一般的ではなく、まずは、ロボットが自分の情報をよくわかってくれているな、という関係を構築していくことが重要だと思われます。

コラム4

さまざまな場所で人をサポートするヒューマノイド

ヒューマノイド研究を通じて企業は安心や安全にどのように取り組んだらよいでしょうか。ここでは企業が研究するＡＳＩＭＯを例にとって考えます。

まず安心に関しては、人間にとって、ロボットが信用される存在になることが前提になります。信用というのは、たとえば、人のサポートをするロボットに対して、サポートをきちんとしてくれるだろう、と信じて任せられるかどうかです。日常的に自分の分身となってサポートをするロボットに、「本当にちゃんとやってくれるのかな」と不安を感じさせないことが必須です。そして、その不安を解消したあとに、実際にロボットがサポートをする場合、人が違和感なく受け入れられる動作ができることが重要です。たとえばロボットが人にお茶をサーブする場合を考えると、どこに立ってあいさつをするのか、どのタイミングで「お茶をおもちしました」というのか、サーブする際の腕のスピードの緩急はどうなのか、そのような点まで考えて設計しないと、人間にとって違和感なく受け入れられるロボットにはなりません。

人間はヒューマノイドに対して、ふだんどおりの人とのコミュニケーション行動（言語・非言語ともに）を無意識に期待するので、それに対して常に敏感であり、すぐに違和感を察知してしまいます。ロボットが違和感のある行動をしていても、人間の方がそのうち慣れるということもあるかもしれませんが、人が慣れるということに期待するのは設計側の意図ではありません。人間がどのように感じるかまで考えて、人に徹底的に寄り添う形で作っていくことをめざす必要があります。

安全を第一に考えますので、機能安全を成立していかないといけません。人間にぶつかって、けがをさせてしまうようなことは回避できないと、社会にロボットを出せません。これをクリアするためのステップとしては、人間とロボットの接触を許容できるようにする必要があります。現段階で人ができるＡＳＩＭＯとの接触行動は握手だけです。頭をなでたり、一緒に肩を組んだり、そういった親和性の高い接触が望まれます。そういうところまでやろうとすると、技術的ハードルがいくつかあって、順次クリアしているところです。これから取り組んでいかなくてはならないのは、関節の柔軟性です。人間の場合は不用意にぶつかっても、身体の動きがとまったり、対象物とうまくなじんだりできますが、今後のロボットでもやわらかな身体性を実現していきます。

安全性を一〇〇％担保するのは大変困難です。ですから、最初にロボットを使うことの価値や恩恵をきちんと提示し、理解してもらうことが重要です。そして、リスクアセスメントを行った上で、どこまで安全であれば、人々がロボットを受け入れてくれるかを考えていきます。現在、使う人を特定したり、環境条件を考慮することで、どういう場面であればロボットは自由に動いて役立つのかを明らかにしているところです。そういった特定の状況を想定した場面での実験を繰り返して、必要な機能を築き上げていくことで、ロボットとの共存を実現していきます。その際には、保険制度や法整備が、適切に対処する必要があります。このように少しずつですが、ロボットに価値があるということをきちんと見いだして、社会に出していくことが重要です。

それでは、具体的にロボットのもつ価値とは何でしょうか。ロボットは、カメラやマイクなどのセンサをもった動くコンピュータです。なので、記憶したさまざまな知識や言語を操ることは自在にできます。この特性を使うことで、たとえば、パブリックな空間で困っている人、迷っている人を手助けすることができます。空港の場合だと、迷っている人とそうでない人は、様子を見ていればだいたいわかります。また道案内の地図表示だけでは、なかなかわかりにくい場合もあります。そういうときに、ヒューマノイドであれば、「あっち」であることを指さしで示すことができ、それだけでも場所を示す情報量はぐっと増えます。海外の言葉が異なる人に有用です。そういう身体性を活かして、パブリックな空間で相手に合わせたサービスができるというのは、一つの価値です。

家庭内では、ちょっとした手伝いができると考えられますが、食洗機や洗濯機などの専用機械のこなす機能をそのまま担うことはさせません。専用機械の方が早くきれいになるからです。ただ、そういった専用機械をつなぐ、ちょっとした作業が手伝えると考えられます。食洗機から食器棚へ食器を片づけたり、洗濯機から衣類を出して畳むなどの作業です。

また、これからの社会をふまえると、単世帯が増えてきたときに、ロボットと会話を楽しんだりすることもできます。親が一人暮らしの場合に、子供は親が元気なのか心配になりますが、だからといって親の家にカメラをつけるとなると、やはり監視というネガティブな意味合いが出てきます。しかしASIMOのようなヒューマノイドがそばで見守るような状況であれば、たわいない話であっても親のQOLを向上させたり、離れて暮らす子供も安心できます。

もっと一般的に人と人とのつながりという意味では、ヒューマノイドがいることによって、新たな人間関係の展開も望めます。ペットの散歩を通して、飼い主どうしがなかよくなるように、ロボットを介して友達になれることも将来は可能であると思われます。たとえ相手が外国人であってもロボットがいれば異なる言語での会話ができるので、人と人のつながりが広がっていくきっかけになります。

さて、ヒューマノイドのもつ身体性の意味は何でしょうか。ヒューマノイドが二足歩行であることの一つの理由としては、人が移動できるように作られている環境を、ロボットのためにわざわざつくり替えなくても、そのまま移動できるという点があります。公園などの置石や階段などは、人が移動しやすいように設計し、作られています。そういった環境に対して親和性の高い移動手段としては、二足歩行が有利です。たとえばロボットと一緒にいるから階段は登れないとか、一緒に移動できないというのは残念です。常にどこでも人と一緒に移動して、作業できることが重要だと思います。また、人と一緒に歩調を合わせて移動することもできます。車輪型だと一定のスピードになりがちですが、人は一歩一歩に歩調があります。二足歩行だと、そういった人のリズムに合わせた歩行ができるので、一緒に歩いていても親しみを感じることができます。ロボットは機械なので人間とは違うのですが、一生懸命に二足で歩いているASIMOを見ると、どことなく親しみを感じる人は多いようです。

最後に、ヒューマノイドは人をどのように幸せにできるのかを考えてみます。ASIMOが人と共存するうえで理想としているのは、子どもや孫のような家族の一員になることです。子どもや孫がちょっとした手伝いをすると、それだけで家庭内の空気が幸せになる、ということがあると思います。朝、新聞をもってきてくれたり、夜に冷蔵庫からビールを出してくれたり、そういったちょっとした手伝いを、単に機械的にやるのではなく、よろこんで対話をしながらやってくれるアシスタントロボットがいれば、家庭が幸せになると思います。

ただたいせつなこととして、孫や子どものような、とはいっても、あくまで人間が主でロボットは従です。ロボットは、人間ではないけれども、家族の一員として認められる存在にしたいと思っています。また、一般的なインターフェイスであるスマートフォンなどの場合では、使う人間と機械が常に一対一での操作になりますが、ロボットは複数人を同時に相手ができるインターフェイスになります。搭載されたカメラやマイクを自律的に活用することで、周囲の状況を察知して、ロボットからはたらきかけて、人間が指示しなくても自発的に手伝いをすることができます。そういうことを通じて、だんだんロボットとして家族の一員になっていければと考えています。

ペットは人間ではないですが、人間に心理的なサポートをしてくれる存在です。ＡＳＩＭＯのようなヒューマノイドはそういった心理的なサポートに加えて、物を運んだり、作業するなどの物理的なサポートも行うことができます。ＡＳＩＭＯの物理的なサポートは、まだまだ単機能ではありますが、実際に物理的に役立てる、ということはヒューマノイドにとって重要な機能だと思います。逆にいうとコミュニケーションするだけでよければ、机の上に乗るような小さなロボットで十分です。ヒューマノイドがめざす将来像の一つは、ペットでも人間でもないけれど、心理・物理的な両面をサポートできる、新しい存在としての家族の一員です。

第6章 ～妻・サクラ編～

ロボットとの付き合い方を考える

今日は、陽太の授業参観だった。わたしとママ友の真理は、授業参観のあと、カフェに来た。

「陽太くんは本当に素直でかわいいわよねえ」と、笑いながら真理がいう。今日の授業で陽太は、『鈴木先生が来た』という短い作文を発表した。真理がそういうのは、陽太が鈴木先生のことを「パパの大学時代の先生です」と説明したせいで、聞いているみんなが鈴木先生は人間だと勘違いして、頭がこんがらがってしまったからだ。

「とうとうサクラの家にもロボットが来たんだねー。ロボットがいつも家にいると、**監視されているみたいに思ったりしない？　最近はさ、ロボットをメンテナンスするサービスエンジニアって人気職らしいけど**、うちはやっぱりまだいいかなー」

「うちにはお義母さんがいるからね、何かあったときのために、ロボットの見守り機能って必要なのよ」

二人でそんな話をしていると、スミスさんがやってきた。スミスさんはアメリカ人で、日本人の奥さんと結婚して、お嬢さんは、陽太と同じクラスだ。スミスさんとわたしたちは、ロボットの話でさらに盛り上がった。

「ワタシの家にはロボットはありませんが、もし作ってもらえるなら、アストロボーイ（鉄腕アトム）がほしいですネー！」

「スミスさん、だめだめ。陽太がそんなロボット使ったら、家のなかをめちゃくちゃに破壊しちゃう」

「サクラの家って何かそういう保険って入っているの？　ロボットがたとえば誰かをけがさせたりとか、ロボットが故障したときとかってどうなるの？」

実はわたしはそういったことは、全然わかっていない。わたしはうーん、と首をかしげる。

「車と似てマス。ロボットを売るとき、Insurance（保険）やホウリツは大前提デシタ。サクラサン、おうち帰ったら、ちゃんと書類、読みましょウ！」

スミスさんは弁護士なので、法律などのしくみについてはとても詳しい。真理は、

「わたしがもし、万が一、ロボット買うんだったら、人型とかじゃなくて、掃除とかできるような機能性を重視すると思うな。リアルに人間っぽいとなんか怖いし」

という。するとスミスさんも、

「ロボットはとてもおもしろいですが、ワタシは家のこと、ワイフやロボットに任すことはしないで、自分でやりたいデス」

「そうだよね、別にロボット反対って言いたいわけじゃなくて、なんとなく、趣味とか価値観っていうか」

と真理がいうと、スミスさんは、

「そうです、個人の意見は尊重されるべきです、ワタシたちは話し合いが大事。いろんな人がいます、ロボットキライな人、逆に、大スキな人もいます。ロボットがどういうものか、頭ではキチンとわかっていると考えても、感情の問題はまた別」

スミスさんは仕事の内容はけっして言わないけど、ロボットにまつわるいろんな案件にかかわってきたんだろう。たしかにこの三人だけでも、ロボットとの関係は人それぞれだ。

＊　＊　＊

ロボットって何だろう?

これまでの章を読んできたみなさんは、最先端のロボット研究にわくわくしていることと思います。この章では、文化や社会と科学技術が互いに影響しあって、「ロボット」という存在を作り出してきたのだということを解説していきます。え、何を言っているの？　ロボットはロボットでしょう？　と疑問に思われるかもしれません。ですがちょっと考えてみてください。ロボットって、いったい何でしょうか？

ロボットの定義は、一般的には、センサ、知能・制御系、駆動系の三要素が備わっているものとされます。ロボットはセンサで自分が置かれている環境の情報を得て、知能・制御系がやるべきことを判断し、それを駆動系へと伝達することで動きます。

現在、掃除に機能を特化した「掃除ロボット」があります。では同じように洗濯に特化した機能をもつ洗濯機をわたしたちは「洗濯ロボット」というでしょうか。建物の中を動き回る「防犯ロボット」もあります。では天井に固定された監視カメラは「ロボット」でしょうか。すでに特定条件下でブレーキを踏んだりハンドルを操作したりする自動運転車が開発されていますが、車はロボットでしょうか。身体機能を補助するため装着できるサイボーグ型ロボットがあります。それを着たわたしたち人間はロボットの一部になるのでしょうか。またわたしたちは現在、さまざまな情報を頭のなかだけではなく、パソコンや携帯電話のなかに保存しています。それだけではなく、時には何を食べたらよいのか、どの道を進んだらよいのかといった思考や判断も機械に任せてしまっています。パソコンや携帯電話もない時代の人たちが現在のわたしたちを見たら、半分ロボットのようだと思うのではないでしょうか。[1]

このようにロボットとは何だろうということを考えだすと、わたしたち人間と機械の関係性が曖昧になってきます。だからロボット研究者は法学者、経済学者、心理学者、社会学者、人類学者、哲学者などさまざまな分野の専門家と協力して研究をしています。ロボットとは何かを考えることは、ロボットが存在する社会、またその社会を生きている人間とは何だろうということを考えていくことでもあるのです。[2]

また、これは専門家だけで出る答えではありません。スミスさんの言うように、わたしたち一人ひとりがロボットについて考えていくことが大切です。このような対話ができる場をどのように作っていけばよいのかということも研究されています。「わたしはそんなむずかしいことを専門家と話すなんてできないよ」なんて心配しなくても大丈夫。わたしたちの思いや考えなくしてロボットは作られないのですから。サクラたちの会話に参加することはそんなにむずかしいことではないはずです。

さあ、そうとわかれば、これからサクラたちが話していた内容に対して、現在どのような研究や議論が行われているかを簡単に見ていきましょう。

ロボットは監視か見守りか

冒頭でサクラの友人である真理はロボットに「監視される」という表現を使い、サクラは「見守る」という言葉を使っています。この違いはどこから来ているのでしょうか。ロボットと人との関係性をどのようにとらえるかは、ロボットの機能や役割をどのようなものと考えるかによってさまざまです。

近年「見守りロボット」や「安全・安心ロボット」が市場に出回っています。おもな用途は、住居などの防犯のほか幼児・児童、そして高齢者の安否確認などです。カメラやセンサからはさまざまな情報を読み取ることができます。また、情報が蓄積されていき学習されることによって、予測や予防ができるようになります。このようなロボットが必要とされる背景には、治安に対する不安感や共働き世帯、一人暮らし高齢者の増加などがあります。人が常にそばにいてあげられないとき、カメラやセンサを通して互いの存在を感じていたいという要望に応えて、ロボットが家庭や通学路、公共施設などに導入されつつあります。しかしそれを「監視されている」と感じる人もいます。どのような場面で誰によってロボットが使われるかの文脈によって「見守り」か「監視」かの解釈は揺らぎます。

このようなプライバシーの問題は、個人の主観的な問題に還元してしまうのではなく、社会的な問題としてとらえていくべきだと提案しています[3]。たとえば、そもそも見守りロボットを導入する理由にもなっている治安に対する不安感はなぜ高まっているのでしょうか。本当に治安が悪くなっているのか、それともメディアなどの報道の影響はないのでしょうか。人と人とのコミュニケーションをロボットに代替するのではなく、働き方の形態や地域のネットワークシステムのあり方を多様にするシステムや技術を導入する視点も重要です。

働くロボット

「機械が仕事を奪う」というフレーズを聞いたことはありますか。そう言われるのは今に始まったことではありません。たとえば一九世紀初頭のイギリスでは、機械化によって失業を恐れた人たちによってラッダイト運動とよばれる機械破壊運動がおきました。産業用ロボットの普及が進んだ一九八〇年代も、オートメーションによって雇用が奪われると騒がれました。

単純作業労働や肉体労働が機械によって代替されていった昔と比べ、現在奪われるとされている雇用は、人間のみしか行えないとされていた知的労働や感情労働と言われています[4]。二〇一三年に英国オックスフォード大学の准教授がアメリカにおいては四七％の仕事が機械によって代替されると試算した報告書を発表して話題になりました。機械に置き換わるとされた職業にはスポーツの審判、レストランの案内係、弁護士助手などわたしたちに身近な職業も多く含まれています。
　実際に現在、テニスや野球など肉眼ではとらえられないスピードに関してはカメラ判定が導入されています。また、電子データ化された膨大な資料（ビッグデータ）から関連する情報を検索するのは、もはや機械の方が得意なことをみなさんは感覚的に理解しているはずです。しかし、これらの技術的特性のみに着目して試算されており、社会制度や環境、人々の賃金の推移などの経済的な状況、人々の機械への受容態度や価値観など、機械化を促進するためには必要不可欠な政策的・経済的・社会的側面を度外視したものであることに注意すべきです。
　突然明日からあなたの仕事が機械に置き換わるかというと話はそう単純ではありません。機械を導入するかしないかを決めるのはわたしたち人間です。わたしたちが機械とどういう関係を築いていきたいのか。どこまでなら何を機械に任せてもいいと思っているのか。また完全に機械に任せたいと思っているのか、あるいは最後の判断は人間が行うべきと考えているのか。これらを考えていく必要があります。[5]
　たとえば二〇一五年度に運転、育児、介護、人生選択、健康管理、創作活動、防災、軍事の八分野で二〇二五年にはどこまで知的な機械やシステムに任せることができるかを調査した研究があります。[6]この調査では人工知能の研究者だけではなく、人文・社会科学の研究者、政策立案などにかかわっている人、そしてSF作家など多様な立場の人たちにアンケートを行いました。図6-1に自動運転の例を示しますが、一般の人の大半は機械に任せないで人間だけで行う、あるいは人間が

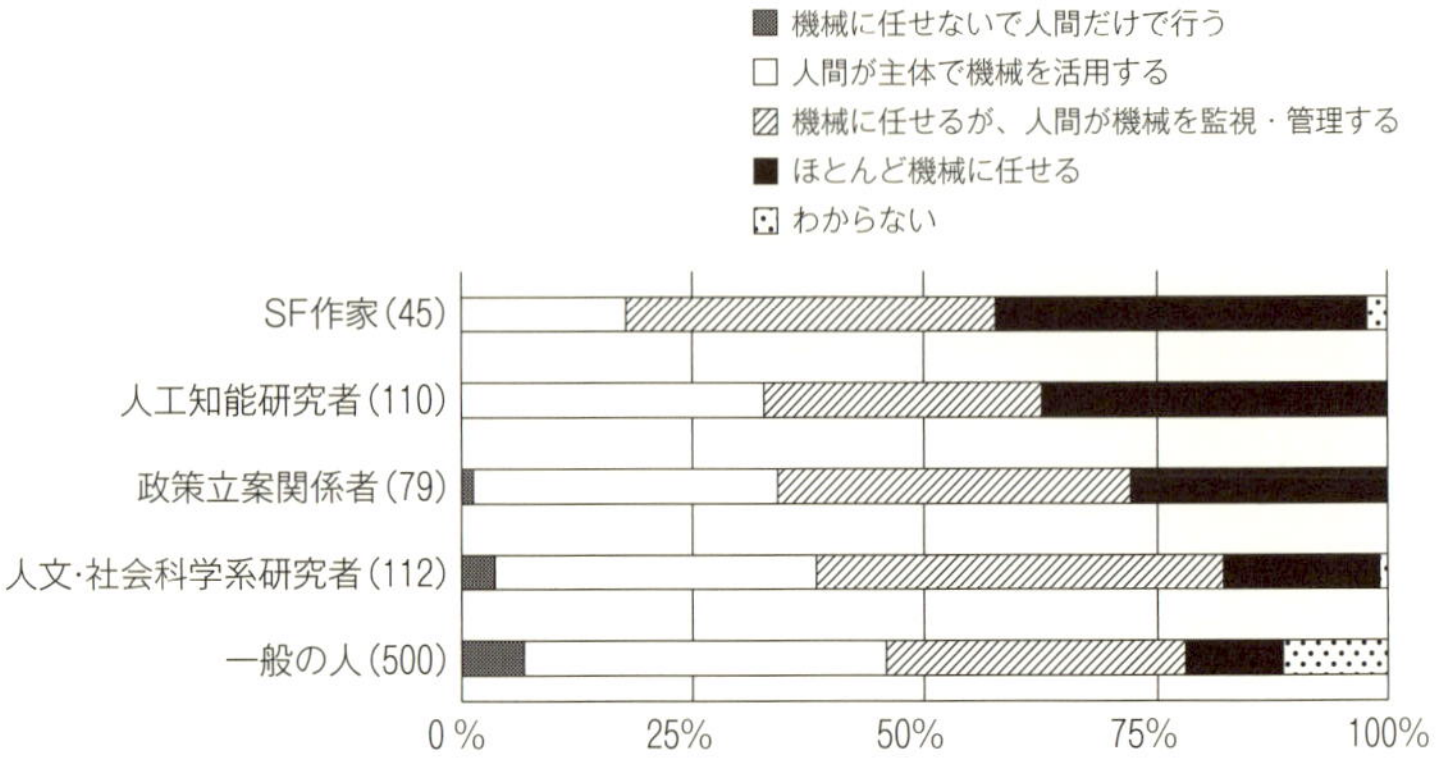

図6－1　自動走行車でどこまで機械に任せるか[6]（数値は回答者数）

主体となって機械を活用すると答えましたが、人工知能の研究者やSF作家は「ほとんど機械に任せる」とする傾向にありました。しかしまだ完全に機械に任せるとする回答よりは、人間が主体となって機械を活用するという答えが多いです。おもしろいのはなぜそう考えるのかの理由として「よりミスが少なくなるから」を人間主体派の人も、機械主体派の人も選んだことです。運転にしても機械のほうがミスはしないから安全になるはずだという意見がある一方で、最終的には人間が確認をしていないと安心できない、信頼できないと考える人もいます。

　また、人々がロボットを導入すると決めたところで現実の世界はロボットが動きやすいしくみにはなっていません。自動運転する車が走るとき運転免許という制度はどうなるでしょうか。人工知能に運転免許証を与えるのか、それとも今までどおり人間が持つのか、あるいはそもそも必要なくなるのでしょうか。また自動運転車が公道を走るためには、標識やガードレールなどをセンサなどで認識しやすいように環境を整備する必要も出てきます。技術、人々の価値観、制度やビジネスのあり方はある日突然変化するのではなく少しずつ変わっていきます。そして、それをどのように変えていくか、あるいは変えないかというのはロボットを使う人、一人ひとりが創造的に考えていく必要があります。考えていくなかで、新しい職業が生まれるかもしれません。また、ロボットが社会に増えれば増えるほどその開発やメンテナンスをする人たちも必要になり、何をロボットに任せ、何は人間がやるのかなどロボットと協働して働く職場のあり方についても考えていく必要が出てくるでしょう。

その仕事、ロボットに任せる理由は？

では、どのように人とロボットの仕事の切り分けを行えばよいのでしょうか。たとえば現在、さまざまな介護ロボットが開発、実験されています。「介護」といってもその内容はさまざまです。介護ロボットには、「介護支援型（移乗、入浴、排せつなど）」、「自立支援型（歩行支援、リハビリ、食事、読書など）」、「コミュニケーション・セキュリティ型（癒し、見守りなど）」などいくつか種類があります。排せつに関しては人間にサポートしてもらうよりは機械の方が気楽と思う人もいるかもしれません。安心して使うためにも、ロボットへの信頼や依存の問題、個人情報の保護やセキュリティの問題、事故等が起きた時の責任の所在などを整備していくことは重要です。

しかし、ロボットにどのように仕事を移行していくかという問いだけではなく、「そもそもなぜロボットが介護を行うのか」という問いも重要です。仕事によってはロボットに「できる」からといって実際に「やらせるか」に関しては技術だけではなく、社会的、法的、倫理的な課題があります。ロボット研究者の広瀬茂男氏は「排便処理装置のついたロボットベッドの技術は開発するが、老人の話し相手をするロボットは開発しない」、「ロボットは人間社会の表舞台にでなくてもいい、縁の下の力持ちとして働けばいい」として、何をロボットに任せ、何は人間の仕事として残すかを問題提起しています[7]。

ノース・カロライナ大学のゼイネップ・トゥフェクシ氏はブログにて、介護士不足の解決策としてロボットが導入されることを批判しています。ブログ記事では「介護専門家不足など本当はなく、不足しているのは介護や教育といった仕事にリソースを配分しようという社会の意思」、「もちろん高齢者を介護する人間は十分にいる。この国、そして世界が、不完全雇用者や失業者であふれており、介護は満足度の高い良い職業と考える人々も多くいる。問題なのは社会が、介護に金を払おうとせず、彼らの仕事を尊重していないこと」だと、議論を展開しています[8]。

何を問題と見なすかによって、その解決のための予算や教育、人をどのように配分するかは変わってきます。ロボットを導入するが、社会問題の答えになるのではなく、そもそも最初の問題設定をどこに置くか、が鍵となります[9]。

ロボットの軍事利用

今後、さまざまなところで働くロボットは使われることでしょう。人間がやりたくない、あるいはできないとされる危険な環境でも動けるロボットは、災害時に人命救助などで活躍することが期待されています。一方で、そのようなロボットは兵士として戦争の道具にも使われたり、意図に反して悪用・誤用されたりする可能性もあります。[10] このように民生用と軍事用のどちらにも利用できる技術のことをデュアルユース（dual-use）技術といいます。わたしたちが今恩恵を受けているコンピュータ技術も、もとをたどれば第二次世界大戦中にミサイルなどの弾道計算を行うという軍事目的から生まれました。同じ技術でも、それがどのような社会・法・経済・文化のもとで使われるかということと切り離して考えることはできないのです。

日本の科学者を代表する内閣府の機関である日本学術会議は、二〇一二年に科学・技術のデュアルユース問題に関する検討を報告しています。[11] このなかで、科学者はみずからの研究が民生用にも軍事用にも使えるとの両義性を認識するようにという科学者の行動規範の声明を出しています。一方で、日本では戦後禁じられていた大学での軍事研究が近年、緩和されています。二〇一五年に防衛省が無人機やサイバー攻撃対処といった武器・兵器などの軍事研究資金を配分する新たな制度を設け、大学などを含む公的研究機関が研究を始めています。二〇一六年には軍事研究のあり方を見直す検討委員会が日本学術会議に設置され、二〇一七年に「軍事目的の科学研究を行わない」とするこれまでの声明を継承すると決定しました。今後のロボット開発を推進していくうえで、デュアルユース問題は避けては通れなくなってきています[12]。

海外では、すでに偵察や監視目的での無人航空機（ドローン）や軍事用ロボットの開発が行われています。これに対して、近年、国際連合などではロボットみずからが自律的に兵器を扱い行動を判断する殺人ロボット開発に対する規制が必要ではないか議論されています。自律的なロボットを人間がはたしてコントロールすることができるのか、ロボットが誤って人を傷つけてしまった場合の責任の所在はどこにあるのか、万が一外部からネットワークに侵入されてしまったらどうするのか、遠隔でロボットを操作することによる兵士の心理的な影響はどのようなものかなど、議論すべきことはたくさんあります。

ロボットと法律・制度

現在、ロボットに関する事件や事故が起きた場合は個別の法律が適用されます。たとえば、ドローンの墜落事故については航空法、ロボットの故障には製造物責任法、自動運転車には道路交通法、収集されたデータの保護には個人情報保護法など。法律は技術の革新に伴い改正されていきます。その中には規制が厳しくなるものもあれば緩和されるものもあります。たとえば、日本では二〇〇三年に個人情報保護法が成立し、五〇〇〇件以上の個人を識別できる情報（氏名、生年月日など）を所持している企業などが遵守すべき義務が定められました。二〇一五年の改正案では、個人情報のうち信条や病歴などが「要配慮個人情報」と定められ取り扱いが厳重化された一方で、そのほかの個人を識別できないように加工した情報は「匿名加工情報」とされ、本人の同意がなくても企業はそれをビッグデータとして利用できるように規制が緩和されました。人々の行動履歴や購買履歴などのビッグデータは、サービス向上だけではなく防災などの観点からも利活用が期待されていますが、同時に個人情報やプライバシー保護に関する整備が求められます。すでにデータをもとにした判断が、仕事の採用基準や結婚相手のマッチングなどに使われ始めています。データによる判断で不利益や不当な差別を受けないためにも、データを誰がどのような目的で収集するのか、またそのデータを誰が管理し、誰がアクセスできるのかなども検討する必要があります。

また、最近では「スマートスピーカー」のように、音声認識で買い物ができたり音楽をかけたりニュースを読み上げてくれる家電が売られ始めました。一方で、機械的に処理されている、プライバシーは保護されているといっても、常にスイッチがオンになっていることに対し、日常会話が常にスマートスピーカーに筒抜けになっていることへの懸念もあります。人間どうしでどんなに親しい仲であっても、時と場合によっては、今自分がどこにいるのか、何をしているのかを知られたくないときがあるでしょう。自分の情報がどのような企業に蓄積され、どのような用途で使われているのか、把握できているでしょうか。

ロボットは社会インフラとして導入してしまうと影響力が大きいだけに、個人がロボットを使うか使わないかの選択肢を用意しておくこと、また選択の有無によって格差や差別などが起こらないような社会システムも同時に構築していくことが重要です。個人情報やプライバシーの保護に関しても「プロファイリングされない権利」「忘れられる権利」などさまざまな解釈が生まれてきています[13]。

一方、国内外で「ロボット法」を成立する必要があるとの提案が行われています。なぜあらためてロボットに特化した法律や規制が必要なのでしょうか。ロボットと人間が共存する社会においては既存の法律や制度の範疇では扱えないような問題が出てくるからというのがその理由です。このように問題となりそうな技術が普及する前からさまざまな状況に対するリスクや責任の所在について議論していくことが求められています。

ロボットのいる社会について考えよう

以上、さまざまな観点からロボットと共存する社会の可能性と課題について簡単に紹介してきました。扱われているテーマを見ると、考えるべき問題の多くはロボット技術にあるのではなく、わたしたち人間がどうしたいのかの意思表示が求められているのだということに気がつくでしょう。

ロボットと共存する社会を考えるうえで、人々の価値観の多様性や社会的な規制に配慮することは必要です。ただし、人の価値観や社会の制度も技術と相互作用して変化していきます。また、同じ技術でも使われ方や使う人によってロボットの評価や解釈が分かれることがあります。大事なのは、「ロボットとはこのようなものだ」との固定概念に縛られずに、そもそもロボットを導入する目的は何なのか、それはロボットを導入しないと解決できない問題なのかを吟味したうえで、ロボット技術でできることとできないこと、またそれが悪用・誤用されてしまった場合に起こりうる問題について思いをめぐらせ、それを防ぐためにはどうすればよいのかを考えていくことです。

とはいえ、技術が社会で使われる前に、その影響力を予想するのは簡単なことではありません。しかし、一度普及してしまった技術は制御するのがむずかしいというジレンマがあります。かといって規制ばかりしていては、新しい技術が生まれなくなってしまうのではという危惧もあります。現在、開発段階からの多様な人たちを巻き込んだ技術の評価（テクノロジー・アセスメント）が必要であるといわれています。少しずつではありますが、ロボット研究者と一般の人がお茶を片手に自由に語り合うようなサイエンスカフェや、ロボットと実際にふれあえるようなイベントやモニター制度、あるいは店舗やテーマパークなどの限られた空間にロボットを配置してみる社会実験などが行われています。ぜひみなさんもそのような場に参加してみてください。まだロボットの動作がぎこちないなあとか、もうこの分野ではロボットにかなわないや、などいろいろな感想が出てくると思います。そうしたらそれを、サクラたちのようにまずはあなたの隣にいる人に話してみてください。いつか、その隣にいる存在がロボットになっている日が来るかもしれませんよ。

コラム5

高齢者の移動を支援する車いすロボット

みなさんは将来、ロボットに介護をされたいですか？　二〇一五年に総務省が行ったインターネットによる調査によると、介護ロボットに関する意識調査では、介護する側の六三・一％と、介護される側の六三・三％の方々が、利用に前向きな回答をしたそうです。[1]　二〇一八年に有料老人ホーム・高齢者住宅を運営する会社の調査によると、介護ロボットによる身体介護について、八四・三％が肯定的でした。[2]　少子高齢化が一段と加速する日本では、近い将来、ロボットに介護をされることがあたりまえになりそうです。

このような社会背景のもと、将来のロボットによる介護支援を見据えて、負担の大きい介護業務の一つである、車いすを利用される高齢者の方々の移動を支援する技術の開発が進んでいます。ある有料老人ホームでは、約一〇〇人の方が生活されており、そのうちの一割程度、約一〇人は車いすの利用者です。介護士に車いすを押してもらう頻度はまちまちですが、食事のための往復、入浴のための往復、レクリエーションのための往復などを考慮すると、少なめに見積もっても一〇回以上の移動が発生します。ほかにも、入浴時には車いすが風呂付近の限られたスペースを占有するため、介護士が車いすを別の場所に移動することもあります。一回の

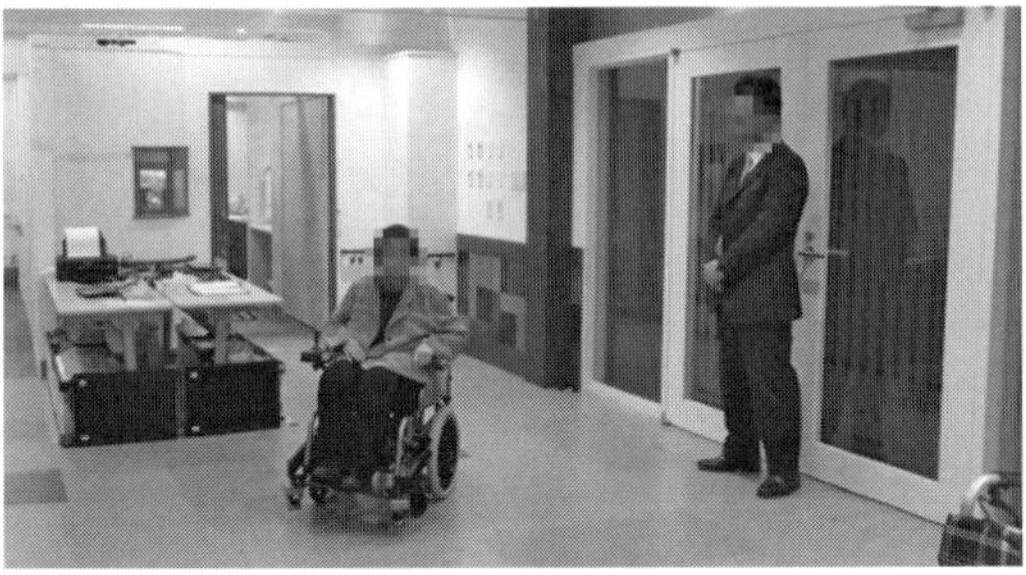

電動車いす型ロボットを利用する高齢者、
および介護士の様子

移動にかかる時間は数分でも、それらを合計すると、介護士が車いすを押している時間はそれなりに大きくなります。

もちろん、介護士が車いすを押して移動するあいだの高齢者との会話や交流は、よい介護のために重要な時間となります。とはいえ、介護士に迷惑をかけたくない、時には一人で移動したい、と考える高齢者がいるのも事実です。高齢者がロボットを利用して自分が行きたい場所に自由に移動できるようになること、すなわちロボットを通じて移動する能力を拡張することができれば、介護士にとっても、高齢者にとっても望ましいことと考えられます。

自律移動が可能で、タブレットなどの端末上に表示されるボタンを押すだけで、目的地まで移動してくれるロボットが開発されています。ただ、ロボットが無言で急に移動しても味気ないですし、利用者も不安に思うことがあります。そこで、ベテラン介護士のふるまいを参考に、移動をする前に介護者の名前を呼んだり、不安を感じやすい場所（狭い、揺れる、など）の前では頻繁に声かけをしたり、

ロボットが場所に応じて発話を行うイメージ

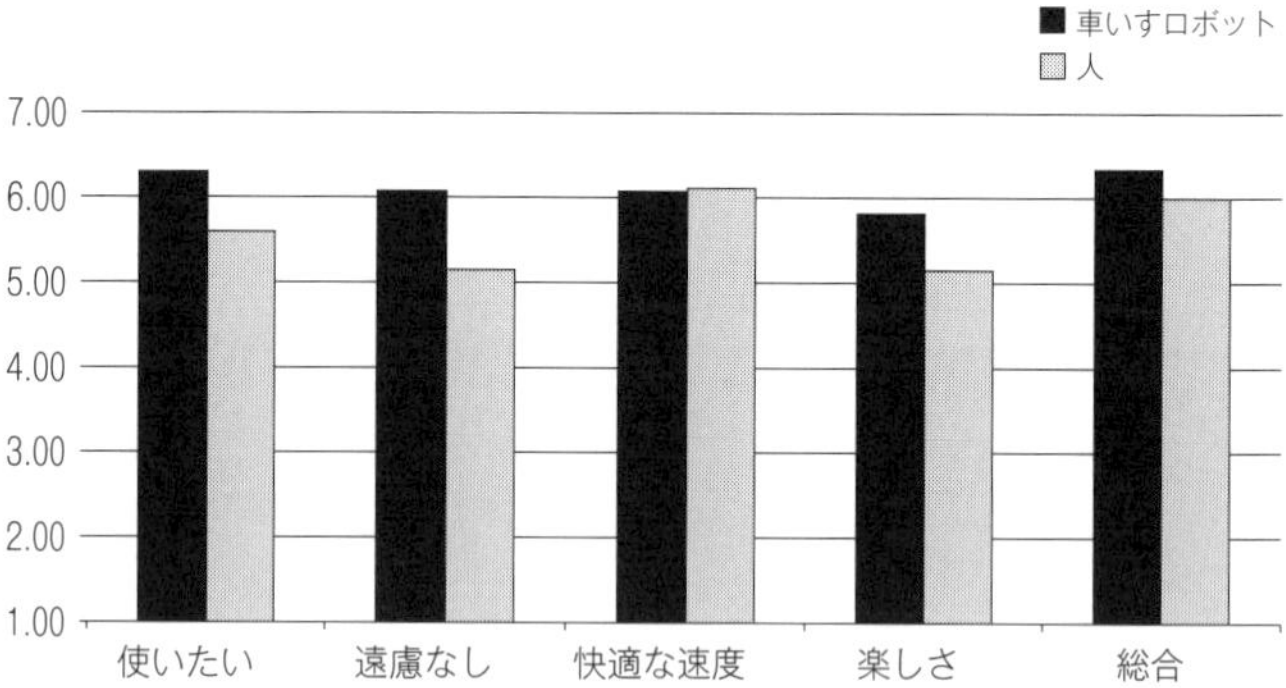

7段階での印象評価で、7が最も高い評価を意味します。質問項目はそれぞれ、使いたいと思う度合い・遠慮を感じない度合い・速度の快適さ・移動時の楽しさ・総合評価です。

車いすロボットと人の印象比較結果

乗っている人の好みに合わせた速度で移動する機能も実現されています。いわゆる、移動時に気を配るロボットです（上部写真参照）。

有料老人ホームで生活をしている人、車いすを利用している人、健常者などを対象に、開発された車いすロボットが高齢者に受け入れられるか調査が行われています。介護士ではない人に車いすを押してもらう場合とで印象を比較してみたところ、ロボットに押してもらう方が気を遣わず、利用しやすいという意見がありました（右頁図参照）。

ここで注目すべきことは、高齢者にとってロボットは気兼ねなく利用できる存在である、という点です。何度も同じことを他人にお願いするときには気兼ねをしてしまい、つい我慢をしてしまう経験をもつ方もおられるのではないかと思います。その点では確かにロボットは人よりも優れているかもしれません。人手によるきめ細やかな介護と、気兼ねなく利用できるロボットによる介護をきちんと使い分けることが、これからの介護で重要になりそうです。

第7章　～夫婦・ヒロトとサクラ編～

安全で安心できるロボットとは

ヒロトは、リビングのソファで晩酌を続けている。サクラは洗濯物をたたむ鈴木先生の背中を見ながら、食器の片づけをしていた。サクラは先日、うっかりセンサのスイッチを切ってしまって以来、鈴木先生に手伝いをなかなか頼めなくなってしまった。

「お皿の片づけも鈴木先生に頼めば？　こっちで一緒にちょっと飲もうよ」

ヒロトはサクラに気遣って声をかけたのだが、サクラの漠然とした不安にはまだ気がついていない。

鈴木先生は洗濯物をたたむ手をとめて、サクラの方を振り向き、指示を待っている。サクラはあと少しだから大丈夫、といって残りのお皿も食器棚にしまい続けた。

「鈴木先生にあんまり手伝いを頼まないようにしてるの？　そんなことしても電気代かわんないんじゃない？」

「そうじゃなくて、こないだ旅行のときにセンサ切っちゃったでしょ。**安心しきっていたときに起きた事故**って、なかなかグサっとくるの」

「そんな大げさなことじゃないって。最初は母さんよりずっとなじめてたじゃないか」

「お義母さんはわたしと逆なのよね、お義母さんが初めて鈴木先生に会ったときは、**安全だってわかってるけど、安心できない**とか言ってたのに、今はお義母さん、全然気にしてないみたい。わたしは逆に、最初から安心しきってたら、突然、不安のどん底に突き落とされたみたいな感じだわ」

「それは突き落とされたんじゃなくて、自分でスイッチ切って落ちてったんだろ」

「そうだけど！　わたしにとっては想定外の事故だったのよ！」

サクラは、ロボットのしくみやシステムの原理について、ほとんどわかっていなかった。高橋ロボットクリニックの院長先生が説明してくれたときに、やっと全体が見えたような気分ではあったが、それでもまだきちんとわかっていないことがあるのではと、不安はつのるだけだった。

「でもロボットにかぎらずなんでもそうだろ？　車だって過信すると事故になるし、ちょっとずつ間違うってことは学習の本質だと思うけどな。また壊したって大丈夫だよ。そのために保険に入ってるんだから」

サクラはヒロトの言ったことを吟味しながら、ビールをもってきて、ヒロトの隣に座った。

「そういえば、陽太だって一度こけた場所では絶対こけないもんね」

「まあ絶対はないけど、ほとんどこけないな」

「要は、どうなってるかわからないから不安になるのよ、システムとか、センサとか、わたしの使う言葉じゃないもん」

「確かに、まるっきり見えないっていうのは本当はよくないんだよなあ。しくみがわかってるってことは、対応ができるってことだからね。でもこないだ高橋先生が少し教えてくれたじゃないか。僕らは僕らが対応しないといけない部分だけわかってればいいんだよ」

＊　＊　＊

サクラにとっては切ってはいけないセンサを切ってしまうという自身の行為は、本人にとっても予想外でした。自分が原因ではなくとも、思わぬことでロボットが不審に思える行動をして、安心できなくなるということは簡単に予想できます。もちろん鈴木先生は、倒れたり、人にぶつかったり、暴走したりしないように安全性に細心の注意を払って作られています。それでも、ロボットの外観やふるまいによっては、完全には安心できないことがあるでしょう。ロボットに対して人はいろいろな感情をもつ可能性があり、自分の身近で働くサービスロボットは安心して使いたいものです（図7－1）。そこでロボットの安心とは何かについて考えてみましょう。

さまざまな安心

日本語としての安心について、辞書（広辞苑）では①心を安んずること、②心配のないこと、とあります。これは多分に抽象的、主観的な説明です。また、安心の英訳では、「sense of security（安全が確保されているという感覚）」、「peace of mind（心の平

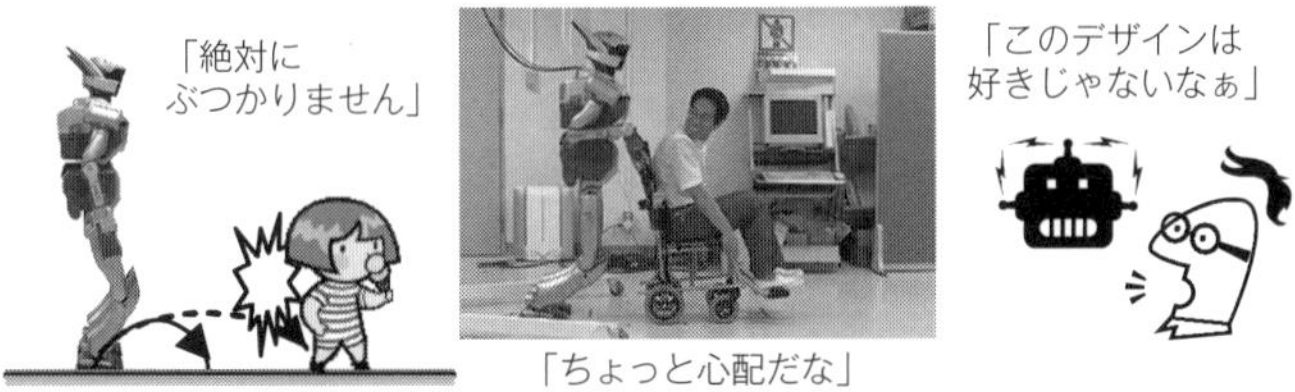

「絶対に
ぶつかりません」
「ちょっと心配だな」
「このデザインは
好きじゃないなぁ」

サービスロボットには安全性（物理的危害を与えない）だけでなく、安心感（不安や嫌悪感を与えないこと）が大事

図7－1　安心して使えるロボット

穏）」、「freedom from care（心配がない）」、「relief（やすらぎ）」、「make people feel at ease（気楽に感じる）」、「comfortableness（快適）」などを充てるのですが、どうもわたしたちが感ずる安心や安心感をぴたりと言い当てていません。英語では心に不安なく安らぎがあることが主として表現されるのですが、日本では「安心して仕事を任せられる」というように信頼に関連する概念として用いることもあります。「安心」は多義的で包括的な概念と考えられ、日本（人）に固有の概念である可能性もあります。

もう少し学術的に定義しようとした例もあります。日本学術会議では「社会安全への安全工学の役割」という報告の中で、安心について次のように説明があります。「安心（または安心感）とは、第一に安全に関する主観的感情であり、安全が確保され、自分自身に人的経済的損害が発生しないと見込まれる状態、および、仮に損害が発生しても、医療や保険などにより、損害が発生する以前の状態に復帰できることが期待できる場合である。第二は自分の過失により他者に損害を与えない、あるいは他者に損害を与えてもそれが、医療あるいは保険により損害補填されることが期待される場合である」。ここでは自分や他者に対する安全とのかかわりで安心が定義されています。そして、安心は主観的感情、つまりそれを感じる人の心理量であり、その評価には個人差があるとも考えられます。また、のちに議論しますが安全の程度が向上しても、安心の量も比例して増加するものでもないようです。

精神医学や脳科学者などによると、不安やストレスは生理的な反応が顕著に現れますが、安心については、安心感としての積極的な反応がないという議論もされています。すなわち、平常な状態が続いていることが安心であるとも考えられるということです。なお、リラックスしているときに、α波（脳波の一種でおおむね八―一三Hzの周期）の成分が高くなることは知られています。

ともに語られる安心と安全

「安心・安全な（あるいは安全・安心な）社会を実現する」、というような標語がよく見られますが、安心と安全はともに語られ、切り離しがたく思われます。ロボットを安心して生活や社会に受け入れるには、安全であることは必要条件です。しかし安全だからといって必ずしも安心に思えるとは限りません。安心と安全の関係はどのような関係でしょうか。

科学技術の分野でこの安心・安全が初めに議論されたのは、二〇〇一年にまとめられた第二期科学技術基本計画でした。その目標の一つに「安心・安全で質の高い生活のできる国」が掲げられ、以後、さまざまな分野で安心・安全が語られるようになりました。安全は工学的に理解しやすい反面、安心とは何かという点についてはいまだ明確にされてはいません。これから安心と安全の関係を考えてみますが、次のような意味を共通の理解としておきましょう。

安全とは科学的基準や根拠に基づくもので、具体的にはその分野の「安全基準を満たした状態」であるとします。サービスロボットならば、生活支援ロボットの国際安全性規格ＩＳＯ１３４８２に基づく安全認証が付与されたロボットのことになります。一方、安心なロボットとは、そのロボットに対して「心配不安がなく心が安らぐ」と同時に、あとに示す安心感評価の結果をふまえ、ロボットの性能（暴走せず役に立つこと）を信頼しているような主観的な状態を実現するロボットであるとしましょう。

安心と安全は同じか

さて、安心は安全であることが前提条件であり、一般には安全が確保されていれば安心であるように思われています。安心と安全が一対一に対応していれば事は簡単です。しかし、ロボットと初めて接した義母の莉子が言っていたように、世の中には「頭で安全と理解していても内心は不安に思う」ことはたくさんあります。たとえば自動車と飛行機はどちらが乗って安心かという議論がよくされます。この自動車と飛行機の安全と安心について具体的に調べてみましょう。

まず安全についてですが、それぞれの事故確率に関する次のようなデータがあります。旅客機の飛行距離一億［人・km］当たりの死亡乗者数は〇・〇四人であり、[1]一方、自動車では一億［台・km］当たりの死亡事故件数はおよそ一〇〇件です。[2]両者には人数と件数の違いはありますがおおむね同等と考えると、航空機の事故確率は統計的にも圧倒的に低く、安全性が高いことがわかります。一方、乗ることへの安心感（不安）については、大方は飛行機に不安を感じるのではないでしょうか。この点についての定量的データが公表されていないため、筆者は一一八名の参加者を対象に次のような質問紙調査を行いました。[3]「安心して乗ることができる」、「乗ることに対して不安はない」の

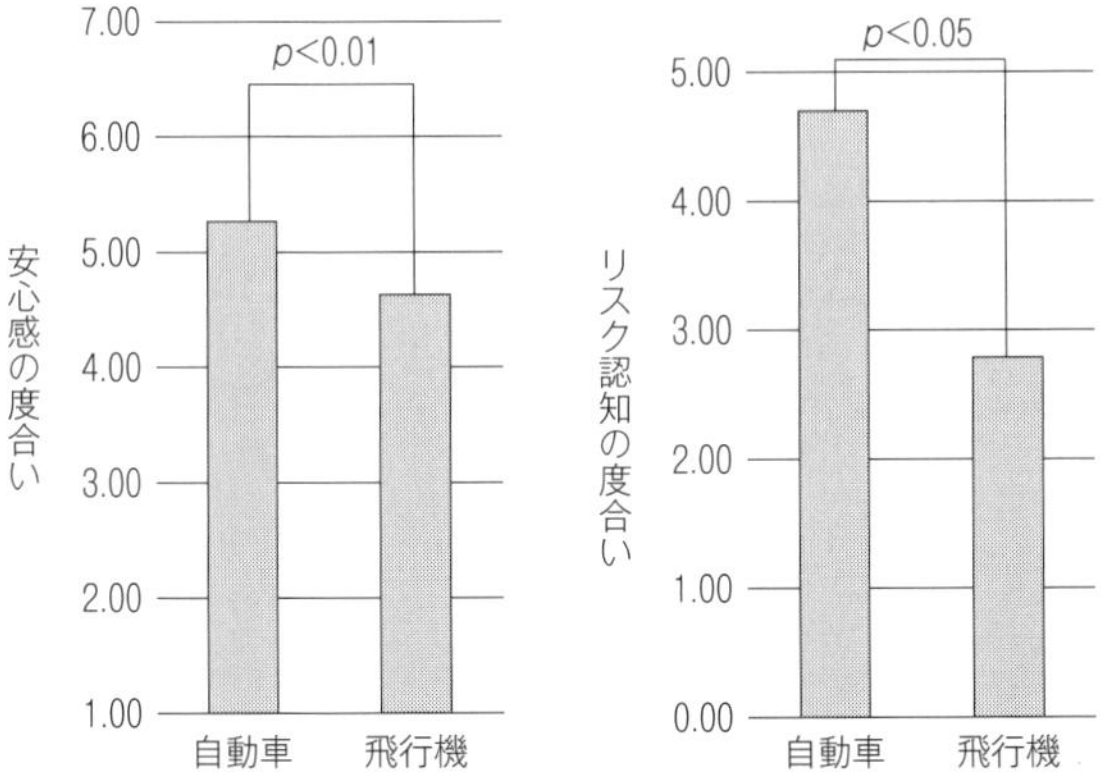

図7－2　自動車と飛行機の安心感とリスク認知の比較

二項目を用いて、「まったく当てはまらない」から「非常に当てはまる」の七件法で、自動車と飛行機についての安心感を尋ねました。繰り返しのある一要因の分散分析の結果、自動車に乗る方が飛行機に乗るよりも安心感が有意に高いことがわかりました（図7-2左）。さらに、自動車と飛行機に対して、自分が事故にあうと思う確率（一〇〇回中何回か）とその際の影響（1：無傷―5：死亡の五件法）を尋ね、これらの変数を掛け合わせたリスク（危険度）評価についても検討しました。その結果、安心に関する評価とは逆に、飛行機の方が自動車よりも有意にリスク評価は低いことが明らかとなりました（図7-2右）。これらの結果から、飛行機の方が自動車よりもリスクが低いことを認識しているにもかかわらず、心理的には安心できない（より不安と感じる）という、一般に言われている安心と安全について統計的にも正しいことが判明しました。

このように、世の中には安全と認識していても安心とは思われない事項は多いと思われます。現在、サービスロボットは十分に普及していませんので、この評価はできませんが、ロボットにもそのようなことが起こりえることは予想されます。また、本当は安全ではないのに安心していることもたくさんあります。特に食住に関しては欠陥住宅や食品偽装など枚挙にいとまがありません。

安心と安全は独立

このように安心と安全は相互に関連があるものの必ずしも従属な関係ではなく、独立な事象として扱う必要があります。すなわち、安全と関連した安心は、安全な場合において、①安心している「理想的安心」と、②安心が感じられない「安全でも不安」の二つの状態が考えられます。また安全でない場合においても、③危険を察知している「当然な不安」と、④危険に気づかない「危険な安心」の二状態が考えられます。したがって、安心と安全は独立な事象としてその度合いも含めれば、図7-3に示すようにそれぞれを軸とする二次元でとらえることができます。この図では、左右方向が安全の高さを、上下方向が安心の大小を示しています。この図のなかで、安全が高く、かつ安心している状態が右上の理想的安心です。右下は安全であるにもかかわらず安心できない状態です。これが先ほどの飛行機に乗るときに感ずる不安や、どうしても安全が信じられない不信などの場合です。一方、安全が低い場合は不安に思うのがあたりまえであり、これが左下の状態です。ところが、その低い安全を気づいていない場合には安心していることもあります。たとえば、手抜

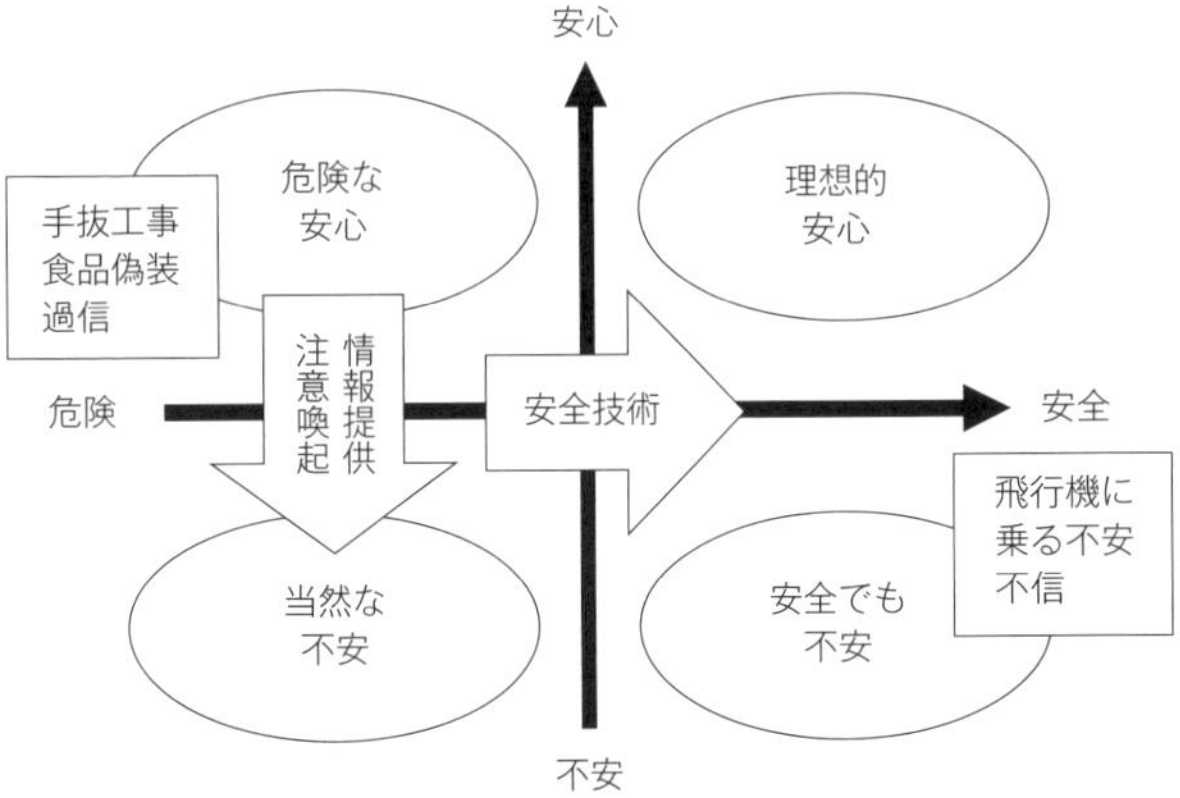

図7－3　安心と安全の一般的な関係

き工事の住宅や、賞味期限や中身をごまかす食品偽装、この製品は有名メーカーの製品だから絶対に誤動作しないと思う過信の例などがこの危険な安心です。

理想的な安心を得ることが目標ですが、それはどのように実現できるのでしょうか。まずは安全を高めることですが、これは安全技術や安全工学が具体的手段として適用できます。ここからさらに、安全とわかっていても不安である状態から、安心してロボットと暮らしていくことができるようになるかが課題です。ロボットが安全基準を満たした安全ロボットであるものとして、これをいかにユーザが安心感をもって利用できるかについて次節から説明していきます。なお、ヒロトがいっていたとおり、過信は事故へとつながります。「危険な安心」、つまり過信は一番避けるべき状態であり、情報提供や注意喚起などにより「当然な不安」へと誘導する必要があります。

安心と納得・リスク評価

日常生活のなかでは、自分自身が納得をして購入したものは、不安など感じずに使っています。また、あらかじめ起こりうるリスク（危険性）を知っておき、もしもの場合に備えてあらかじめ対応を考えておけば不安は抑えられます。

社会には多くのリスクが存在しますが、人は常に不安に怯えているわけではなく、危険な状況を取捨選択しながら生活しており、リスクを選択する一般的な方法の一つが比較検討をすることだという研究結果があります。そして、比較する内容や基準は人によって異なっても、自分で納得して決めることが重要であり、納得ができない場合とできる場合とで、リスクに対する安心感・不安感が左右されます。また、納得感と信頼感には強い相関があり、特に信頼するから納得するのではなく、納得するから信頼が強まることも示唆されています。そして、信頼（Trust）はロボットを含む自動システムに対する依存性に大きな影響を及ぼすとされており[4]、ロボットへの安心に対する大きな前提となります。ロボットの優れた点をアピールする情報の提供や実績を示すなど、信頼感を助長するための運用上の問題解決を図る必要があります。

また、リスクの評価についても自分がどのように対象とかかわろうと考えているか、自分の気持ちのもち方で大きく変わってきます。一般人は必ずしも専門家のリスク評価を信頼しているわけではなく、自分が積極的にかかわろうとするときはリスクを低く見積もる傾向があります[5]。つまり、自分が興味をもち、ぜひとも使いたいロボットであれば、そのリスクは気にせずに安心して使うことができるといえます。ただし自分にとって真に役立つ使い方ができるかどうかは、ロボットの価値につながる重要な点です。この議論については次章の「ロボットがもたらすいろいろな幸せ」をご覧ください。

ロボットに対する安心感の要因

安心できるロボットとはそもそもどのようなロボットなのでしょう。たとえば人型のロボットであれば、見た目や動作が優しい感じのロボットに安心を感じるかもしれません。あるいは、動作が正確で指示どおりに作業をこなすロボットに安心を感ずるのでしょうか。どのようなロボットに安心を感じ、その安心感の要因が何なのかがわかれば、ロボットの外観や動作をデザインする際に役立ちます。安心感の要因を探るため、約三五〇〇人の日本人を対象に大規模アンケート調査が行われ、一一体のヒューマノイドに対する一般人の安心感の要因が抽出されています[6]。主な要因は次の四つです。

①快適性
ロボットといることにより得られる安堵感や快適さなど、心理的にポジティブな効果があること

②ストレスがないこと

ロボットと一緒にいると不安になる、ストレスを感じるなど、心理的にネガティブな影響がないこと

③高性能性

ロボットの認知能力や運動能力など技術的性能が高いこと

④統制可能性

人間に危害を加えたり、人間以上のことはせず、ロボットが人間のコントロール下であること

ある特定のヒューマノイドに対する安心感を定量的に評価するために、これら四つの要因が参加者にとってどの程度のレベルにあるかを探るための質問項目が作成されています[7]。なお、この調査ではヒューマノイドに関する評価を行っていますが、用いられた一一体のロボットの中には必ずしも二脚ではなく車輪型の機械らしいロボットもあるので、この評価法は一般的なサービスロボットにも適用できます。

ロボットに対する安心感の文化差

文化的な背景はロボットとのかかわり方に大きな影響を及ぼすと考えられます。日本人は欧米人よりもロボットに対して寛容であると言われます。たとえば日本では、産業用ロボットは一九七〇

年代に工場へ積極的に導入されました。一方、欧米ではなかなか導入が進みませんでした。また、最近の介助ロボットに対しても、研究開発の段階から議論のされ方が異なります。欧米では消極的であるのに、日本では積極的な研究開発が行われています。多くの日本人はロボットに対して好感を抱いていると考えられ、たとえばアニメなどを通じてより身近な存在であることを認識しているからではないかと考えられています。このことはロボットに対する安心感に影響を少なからず与えているはずです。

ロボットに対する安心感について、アンケートによる日米比較をした例があります[8]。日本人はロボットがもつ社会的な良し悪しの要因について、それらの要因が少ないほど、明確に区別します。一方、米国人はそのような要因が多いほど、安心・不安の明確な区別をすることがわかりました。このことからわかることは、日本ではマイナス要因がほとんどないロボットが要求されますが、一方、米国では、マイナス要因が若干あるとしても、プラス要因が十分に多ければ受け入れられる可能性があるといえます。

また、前節で示したロボット安心感の四因子を用いて、小型のヒューマノイドＮＡＯの作業状況の写真を提示し、日本、米国、中国での三国間比較を行った例もあります[9]。快適性、高性能性、統制可能性の三因子について三国間で有意な差があり、いずれも日本の評価が一番低いのに対し、米国は評価が高く、中国はその中間となる結果が得られました。これらの評価を高めるための技術的要因は次節で議論しますが、日本で受け入れられるような安心ロボットであれば、中国や米国ではより安心感をもって受け入れられる可能性が高いと考えられます。

ロボットに対する安心感を高めるには

ロボットに対する安心について、安心と関連する安全や納得とリスク評価、ロボットに対する安心感の要因、安心感を左右する文化的背景について見てきました。安心は主観的、心理的要素が強いものですが、これを技術的手段で高めることができれば、ロボットをより容易に家庭や社会に導入することができます。もちろん、理想的安心をめざすためには安全を高めることは前提です。リスク評価や緻密な安全基準を設定することにより、技術が解決すべき具体的安全課題としてブレークダウンすることができます。図7－4にそれをまとめていますが、これらを詳しく見ていきます。

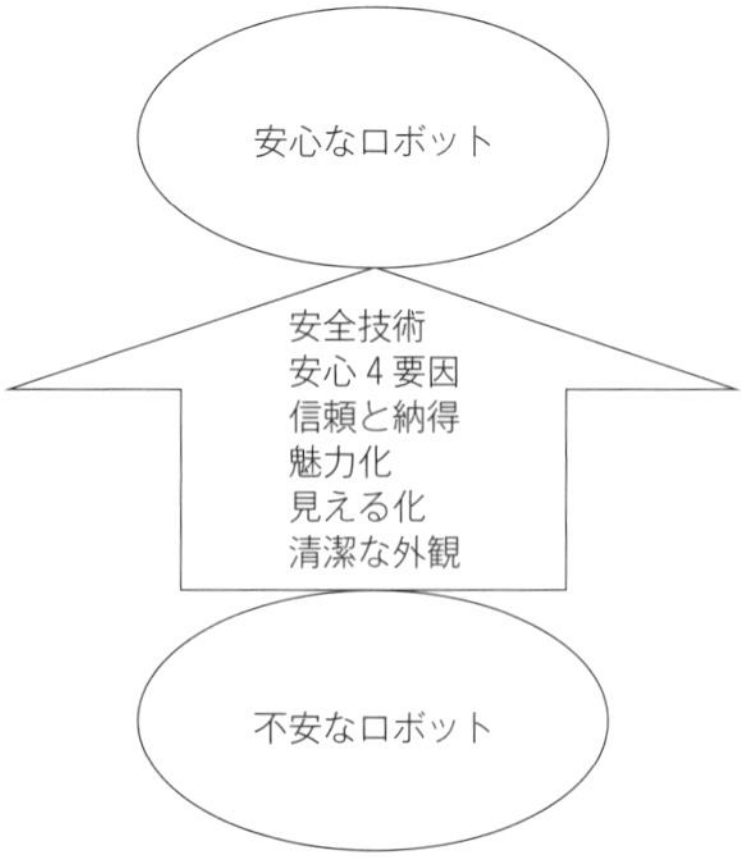

図7－4　安心できるロボットを達成する方策

(1) 安心感をもたらす四要因の解決

先にヒューマノイドに安心感をもたらす四つの要因、①快適性、②ストレス、③高性能性、④統制可能性を示しました。安心感を高めるためには、これらの評価値を高くする必要がありますので、以下、具体的に考えてみましょう。

①と②は「心理的受容性」と考えられるので、外観のデザインや自然な動作のつくり込みなどの技術課題が思いつきます。家庭用のロボットでは、やわらかさやあたたかさのある外観が好まれそうです。パロなどのコミュニケーションロボットでは特にこの外観が重要課題です（コラム1参照）。パロはアザラシの赤ちゃんですが、わたしたちの身近にいる犬や猫などでもよいと思います。実物に忠実に似せるのか、あるいは受け入れられやすくするためにデフォルメするかは研究の余地があります。警備・防犯用のロボットならば、たとえばパトレーバーをモデルとしたHRP－2改のように、いかつい外観をもつロボットに頼りがいを感じて好まれる可能性があります（図1－5(a)参照）。このように、使用される場面に応じた外観の工夫が必要となります。また、場面に応じた動作も必要です。人と物理的なインタラクションが想定されるような場面、たとえば物の受け渡しや人のそばで動作をする場合では、人の対応を考慮した動作速度や手や胴体の動かし方の工夫など、もどかしさやイライラ感などのストレスを与えないことが必要です。相手と同じ動作をするミラーリングは親近感を与え、信頼感を助長するはたらきがあると言われています。

③の「高性能性」はロボットの性能を高める技術課題です。性能にもいろいろありますが、たと

えばやることが速くてうまければ納得できます。つまり、作業や移動の速度を上げること、作業を正確にできることなどが具体的な技術課題です。また、人と同じようなコミュニケーションができて、指示や命令がしやすいことも大事です。言語による意思疎通では、音声認識や発話などが必要です。このようなインタラクションは、すでにスマートフォンやタブレット端末などでかなり高度な技術が実現されていますので、これらをロボットに適用することは容易です。ジェスチャによるコミュニケーションも重要です。人の指さしやうなずきなどを素早く正確に認識する視覚センサが必要です。

④の「統制可能性」は安全技術にかかわる課題です。ここで有名なアシモフのロボット三原則が参考になります。その第一条に「ロボットは人に危害を加えてはならない、またそれを看過してもならない」とあります。人の安全確保が大前提となります。その上で、第二条では「一条に反しない限り人の命令に従う」ことになります。この二項目がきちんと技術的に実装されるならば、ユーザはロボットが完全に自分の統制下にあると実感ができるはずです。なお、第三条は本項目には直接関連性はありませんが、「一条、二条に反しない限りロボットは自身を守らなければならない」とあります。

(2) わからないと不安

仏教哲学では二元性一原論と言われるものがあります。ものごとには必然的に善悪、陰陽など二面性があり、両者を区別するのではなく、両者を超えた次元の高い視点である「無記」に立ち返ることが大事といわれます。「色即是空」というありがたい言葉は、ここでの議論の文脈であえて筆者なりの解釈をすると、見えるものは存在するが見えないものは存在しないのではなく、見えなくとも存在し、見えても（見えたと思っても）存在しないものもあるということです。たとえば、電磁気の存在をわたしたちは直接目で見て確認できるでしょうか。ヴァーチャル・リアリティは見えているように感じていても実在しません。安心なロボットも不安なロボットも本を正せば一つのロボットです。これを安心、不安と区別するのはわたしたち人間です。「無記」のロボット、すなわち真に安心して使えるロボットにするためには何が必要でしょうか。その答えの一つが「見える化」です。ロボットをはじめ複雑なシステムはどのような構造になっているのか、どのようなしくみで動くのかは専門家でさえすべてを理解しているわけではありません。そのためには安全であることが一目でわかるようなメカニズムや構造にする工夫や、素人のユーザにもわかるロボットの動く原理や安全のしくみなどを積極的に公開することです。また、ロボットの行動の見える化、すなわちロボットの次の行動が予測できるようなしくみも大事です。これから行う動作を説明したり、あるいはこれから動く方向に顔を向けるなど、言語的、非言語的なインタラクションを通じてより自然なコミュニケーションがとれることも必要です。

（3）　信頼の獲得

信頼性を高めるには、ロボットの優れた点をアピールする情報の提供や実績を示すなど、信頼感を助長するための運用上の問題解決も必要です。ユーザに信頼や納得を与えることは安心感を高めることにつながります。「安心と納得・リスク評価」の節で示したように、ユーザが積極的に使ってみたいと思うようなロボットにする必要があります。運用も含めユーザに自発的に使ってもらえるような魅力ある製品にすることが、安心感を高めることにつながります。

（4）見かけは大事

工業デザイナーの川崎和男は、製品をデザインするうえで心がけるのが「清潔と品格」と言われました。デザイナーのもつ繊細な感覚がそのような要因を重視することは十分に理解できます。感情に作用される安心感に直接訴える重要な要素といえます。クリーム色は人を安心させる効果があるといわれています。[10] クリーム色は美しい人肌に近く、清潔感が感じられます。

安心できるロボットは安全や性能にかかわる技術的要素と、ユーザに訴えるデザインや、ロボットそのものに対する理解が大事といえます。鈴木先生はもちろん高性能で安全ですが、インタラクションなどを通じてもう少し自分自身のこと、どのようにできているのか、どのように動くのかをサクラのようなロボットに詳しくない人に説明することが求められます。身だしなみもロボットには必要なことであり、油が漏れてきて汚れたりしないことや、ぎくしゃくした動作ではなくスムーズで優雅な動作が求められます。

コラム6

工場で人と一緒に働く産業用ロボット

現在、さまざまな工場で溶接や部品の取り出し・搬送、組立作業などを行うロボット（産業用ロボット）が働いています。そして世界で出荷されている産業用ロボットの半数以上が日本メーカー製です[1]。

産業用ロボットは一九六〇年代初頭にアメリカで生まれ、日本では一九六九年に初めて国産の産業用ロボット（油圧式）が発売されました。そのころ、日本の電機メーカーから「手足・五感・頭脳を組み合わせた三位一体のオートメーション」によって実現する「アンマンドファクトリ」というビジョンが提唱されました。この「アンマンドファクトリ」は前出の電機メーカーの造語で、「no-man」（無人化）ではなく、「人と機械が共生する工場」というコンセプトを示したものです。無人化によって人の仕事を奪うのではなく、いわゆる3K作業から人を解放し、人は人らしい創造的な仕事をするべきだという信念のもと、電気式サーボモータを使った現在と同じ方式の産業用ロボットもこのビジョンの展開のなかから生まれてきました[2]。

近年、少子高齢化による労働人口の減少、日本のものづくり空洞化への危機感を背景に、製造業では作業工程の自動化の促進や生産効率向上への取り組みが精力的に行われています。そ

工場で働くロボット（組立作業の例）

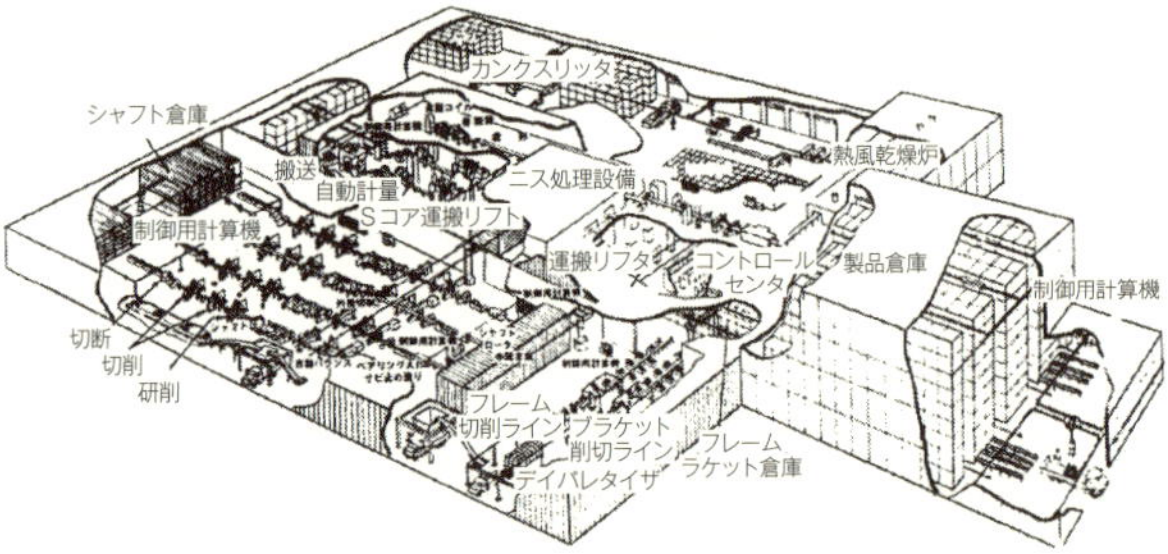

アンマンドファクトリ構想図

のなかでも産業用ロボットは、その適用範囲を拡大するため、人と協調・共存するロボット開発への取り組みが活発化しています。これは従来のようにロボットを安全柵の中に隔離して人の作業をロボットの作業に完全に置き換え、人とロボットを分離して自動化をめざすものではありません。一つの工程・作業を人が得意な部分（手先の器用さや複雑な判断が必要な作業など）とロボットが得意な部分（力が必要であったり、繰り返し同じ正確性が要求される作業など）を分けて人とロボットが助け合いながら作業をこなせるロボットです。このような人と協働するロボットによってロボットの適用範囲を飛躍的に拡大していくことが可能となります。これを実現するための重要な技術がロボットの安全技術です。

電機メーカーが提唱している人とロボットの協働形態として次の四つがあります。[3]

①エリア共有

人の作業エリアとロボットの作業エリアは明確に分離されているが、人の作業領域がロボットの最大動作領域内にあり、人とロボットがそれぞれ個別の作業を行う作業形態

②ハンドガイド

パワーアシストマシンのように、人がロボットにふれてロボットを動作させる作業形態

③人共存

人の作業エリアとロボットの作業エリアが明確に分離されておらず、同じ作業空間に人とロボットが共存し、それぞれ任意の作業を行う作業形態

④人協働

人とロボットが同じ作業空間で人とロボットが協働して作業を行う作業形態

協働形態が①から④に進むにつれて必要な安全技術も左ページ図のように、より高度なものが要求されます。たとえば人の五感に対応するセンサや、頭脳に対応する認識処理技術などの

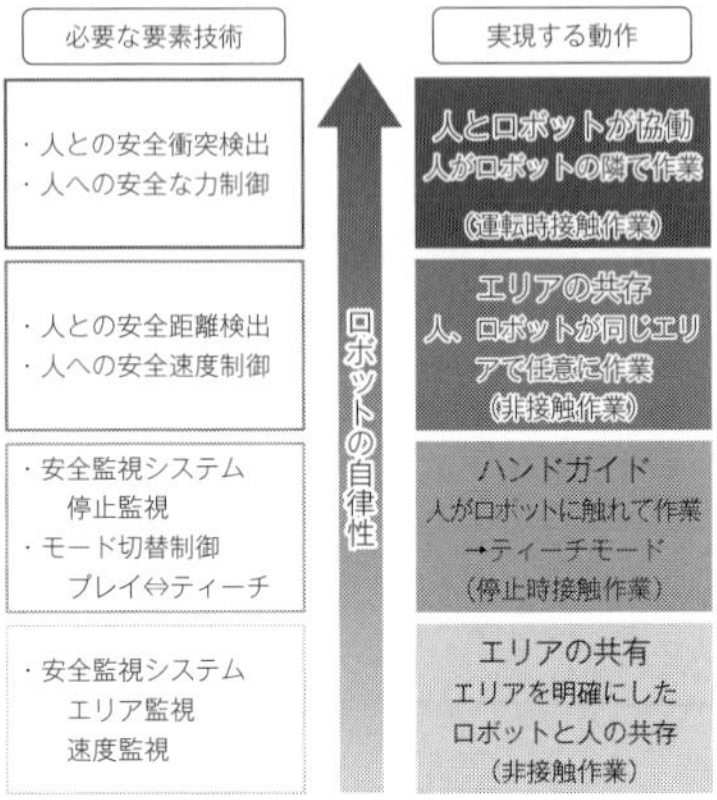

人協調作業の進化プロセス

高機能化です。これは安全性を確保するだけでなく、ロボットが人の意図を理解し、言わば、あうんの呼吸で協働作業をスムーズに遂行することにもつながります。これによって人は協働するロボットに対して、信頼感や安心感をもつことができます。まさに手足（ロボットアーム）、五感（センサ）、頭脳（認識処理）の三位一体の技術が必要とされています。

「人間を人間らしからぬ苦しい労働から解放して、人間性を回復させ、その生き甲斐や幸福を追求できるようにするのが『オートメーション』の真の目的と意義なのである」。これは約四五年前に当時の電機メーカーの副社長が述べた言葉です。[2] そして産業用ロボットはいま、人との協働という新たなステージに向かおうとしています。これは「人と機械が共生する工場＝アンマンドファクトリ」の実現にまた一歩近づくものです。

第8章

ロボットがもたらすいろいろな幸せ

〜親子・陽太とヒロト編〜

ヒロトは、陽太がロボットとの生活のなかで、他人への思いやりや、物を大切にする気持ちをもつようになることを期待していた。今のところその期待は、ある程度実現しているようだ。陽太は鈴木先生の故障を経験したことで、壊れたものは買い換えるのではなく、自分でなんとか修理してやろう、と思い始めているようだ。ロボットと人間の違いをなんとなく意識しながらも、物に対する思いやりには、人に対する思いやりとどこか通じるものがある、と感じているのかもしれない。

とはいえ、陽太にも子どもらしいずるがしこさはあり、親の目を盗んでは鈴木先生に宿題をやらせようとすることもある。サクラから言われた手伝いを、自分でやらずに鈴木先生に押しつけようとすることもある。しかしヒロトは、こういうずるがしこさが根本的に悪いことだとは思っていない。むしろ陽太自身がいろいろと経験することで、**便利な技術をどのように使うべきなのかを、自分で考えるようになればいい**と思っていた。

そのような生活のなかで、子どもはたまに、哲学的な難問を大人に問いかけてくることがある。人間より賢いロボットは人間より偉いのかといった疑問や、善いロボットと悪いロボットの違いは誰がどう決めるのか、などである。ヒロトはそういう質問に対しては、自分の考えを押しつけるのではなくて、陽太がどう思うのかに耳を傾けるようにしていたが、大人であるヒロトが答えに窮してうやむやにしておくのもあまりよくない、とも思っている。

ヒロトは陽太の提案する抽象的な問題を、答える価値のないものだとは思わなかった。おそらく自分が陽太であれば、同じ疑問を親にぶつけていたと思うからだ。ロボットが家庭内に入ってきたのはここ十数年の話で、ヒロトが子どもの頃には鈴木先生のような高性能な手伝いロボットはまだいなかった。ただ、**技術が進歩するにつれて、技術と人間との適切なかかわり方を問い直すようなできごと**も多々あり、そのたびごとに人々は議論を繰り返し、なんらかの共通了解をつくってきたはずだ。しかしヒロトが最近思うのは、その共通了解を構築した人たちは、自分たちやあるいはそれより上の世代であって、今の子どもたちには何をどのように伝えればよいのか、という疑問である。

技術を開発し、使うことで成長してきたヒロトと、ロボットと一緒に育っていくこれからの世代では、ロボットに対する見方や考え方が違うことは当然ありうる。一方で、陽太にとっての幸せと、自分やサクラ、母である莉子にとっての幸せが根本的に違うものであるとも思えない。ヒロトはとりあえず陽太の疑問を真摯に受け止めることにして、自分自身も当然だと思い込んでいる前提から考え直すことにしようと思った。価値観の多様化が進むこれからの世の中で、**人間の幸せとは何なのか、ロボット技術はそれにどう影響するのかを考え続ける**ということは、技術をつくってきた人間の大事な役割なのである。

＊　＊　＊

技術が進歩し、ますます便利になっていく社会において、わたしたちの幸福もますます増大しているといえるのでしょうか。携帯電話やインターネットが普及したことで、人とのコミュニケーションが簡便化しましたが、同時に人間関係の希薄化も問題化しています。また、陽太の例のように、物のたいせつさをロボットから学ぶことはよいことかもしれませんが、宿題をロボットに肩代わりさせるのは自分の成長を妨げてしまうようにも思えます。人間は技術を幸せのために使うこともできる一方、常にそうとは限らないということです。心理学では人間の幸せの包括的な概念としてwell-beingという言葉を使っています。この章では、高度な技術を人間はどのようにとらえる傾向があるのかについて概観し、幸福の包括的な概念であるwell-beingとは何か、well-beingと高度な技術との関連はどのように理解できるのかについてみていきたいと思います。

技術的な豊かさに対する人間のこころのもち方

ドイツの哲学者エーリッヒ・フロム（一九〇〇―一九八〇）は、人の生き方は「所有」か「存在」のいずれかにあると言っています。「所有」を志向する生き方とは、自分が何をもっているか、何をこれから獲得できるか、そういった所有や獲得に関心を向けて、自分の人生や生き方の意味を決める生き方です。「所有」する生き方を望む人は、物だけではなく他者やありとあらゆるものが「もつ」対象となってしまいます。たとえば、大きな家や高性能ロボットだけではなく、外見の美しい女性や社会的地位のある男性も「もつ」対象となります。自分で気づいていようといまいと、所有することを志向している場合は、あらゆる対象は消費され、購買されることとなり、もし喪失した場合には足元の基盤がすべて崩れ去ってしまいます。もし鈴木先生の購入が単に「ブランド品の獲得」としてしか田中家に認識されていなかったとしたら、鈴木先生を失えば、田中家には喪失感しか残らないことになります。「所有」するという生き方をめざしている人は、獲得と喪失、報酬と罰、という両極端のせめぎあいを必然的に引き受けないといけません。

一方、「存在」を志向する生き方というのは「所有」の生き方とは別次元です。「所有」の場合には、何かを獲得することに意味があります。ですが、「存在」することを求める生き方とは、ただ何かが「在る（being）」ということに意味を見出します。少しわかりにくいですが、簡単にいうと、鈴木先生を買うという獲得の行為が大事なのではなく、鈴木先生が「いる」こと自体が大事なのであって、その存在に感謝したり、鈴木先生がいることの意味を見いだし続ける生き方が「存在」を志向する生き方ということです。ロボットだけではなく、他者や自分に対してもそうです。社会的な立場を手に入れることを重要視するのは「所有」の生き方ですが、そうではなく、自分自身が創造的に判断する能力を養いつづけ、他者を思いやり、周囲の存在に意味を感じ続けられる、そういった心的な能力を発揮することをめざすのが「存在」の生き方です。

「所有」の場合は、獲得したり消費したりすることができる対象がどうしても必要となる点で、外部へ依存した生き方ともいえます。一方、「存在」することを大事にする生き方は、新たな獲得物は必要ではなく、自分の心的な能力を発揮させようとしつづけたり、対象の存在に意味を見いだしつづけようとする限り、そこなわれることはありません。自分自身の心のもち方で、いくらでも生活を豊かにすることができます。

当然、現代は「所有」の時代です。社会全体が「何か新しいすごいもの」を開発し所有することを追い求めています。所有しないことを標榜するサブスクリプションという購買形式も、獲得と消費を志向することには変わりありません。その結果わたしたちは、科学技術の生んだ高度な機器との共生的関係に放り込まれているのです。インターネットやスマートフォンがなくては自身が無力になってしまうとともに、そういった機器があるために、人間がほかの動物よりも強く力量のある生き物であると信じるようになっているようにも思えます。機器を発明し組み立てたのは確かに人間です。機器は人間の心的能力である創造性の産物であって、科学技術として成立することで、現実的に豊かな社会を実現してきました。しかしながら同時に機器なしでは生活ができない無力な人間を作り上げ、人間は技術に支配されるという閉塞的状況に陥っているような気がします。

フロムはかなり昔の人ですが、その当時において、「科学技術の進歩により人間のエネルギー使用は効率化されたものの、人々は何もしなくてもよいことを望むようになり、事実上は努力なし、苦痛なしの人生が志向されるようになった」[1]と指摘しています。これは今でも当てはまる部分が大いにありそうです。鈴木先生のようなロボットは、わたしたちに便利さを提供してくれます。しかしながら、そういった便利で高級なロボットを「所有」することをめざしていては、便利さに溺れ、技術をじょうずにコントロールできなくなってしまうのではないでしょうか。ロボットを使っているつもりが、いつのまにか自分がロボットに使われていた、なんていうSF映画のようなことにもなりかねないのです。

もちろんロボットが人を支配するのは今のところフィクションですが、ネットやスマートフォンのことを考えてみると、そういったフィクションの世界に、わたしたちは片足を突っ込んでいるとも言えます。自分自身はロボットといった高度な技術に対して、「所有」という態度で接しているのか、「存在」を見いだす視点をもっているのか、そういったことを反省的に考えてみる時期に、今来ているのです。「所有を志向する生き方であっても、ずっと獲得できていればそれでよいのでは?」という人もいるでしょう。もちろん、そのとおりです。しかしながら獲得できる外的なものを追い求めつづけるというのは、それほど簡単ではありません。獲得できても失うリスクにひやひやしないといけません。そして何より、世界の資源は有限なのです。それよりは、今ある「存在」の意味を新鮮に創出していく方が、浮き沈みのない、安心で平穏な生活を送れるはずです。これは高度な技術を不必要なものとして排除する考えではありません。技術の発展とともに人間の内面を成長させていく、一つの心のもち方なのです。

心理学の考えるよい人生とは

(1) ヘドニズムという思想

では、「存在」を志向するようになれば、どのようなよい人生が送れるのでしょうか。心理学分野では、単に主観的に満足なだけではなく、人間としての自律性や理性的判断力など多様な適応を含めて、well-beingという包括的な適応概念を用いています。そして、このwell-beingが充足している人生が、よい人生であると考えるアプローチがあります。

well-beingに関しては、歴史的にヘドニズム（hedonism）とエウダイモニズム（eudaimonism）とよばれる二つの考え方があります。ヘドニズムの起源はキュレネ学派の創始者アリスティッポス（BC四三五―三六六）とされています。[2] 彼は、人生の目的は楽しみの最大化であるとして、肉体的快楽を精神的快楽よりも重視したといいます。さらに、部分的な個々の快楽の総計を幸福として定義し、快楽は控えることなく最大化することが望ましいと考えました。彼の提唱したヘドニズムの考え方は、その後多くの人々に受け継がれています。たとえばホッブスは、幸福とは人間の欲求を達成することであると主張しているし、功利主義のベンサムも、よい社会が作られるのは個人の興味と楽しみを最大化することを通じてなされるとしています。彼らの考えのなかには、ヘドニズム的な要素があるといえます。

アリスティッポスのように、楽しみや快楽が最大限に実現されることがよい生き方であるとする考え方は、ある程度直感的に受け入れやすいでしょう。快感や楽しみは、人間一般の中心的な関心事であり、[3] これらを望むということは、ほとんど普遍的で自然なことです。ヘドニズムの心理学を提唱したカーネマンらは、[4] 肉体的・精神的にかかわらず「経験や人生を楽しくするもの」をwell-beingとして定義づけ、よい人生はヘドニズム的生き方であるとしました。

ヘドニズムのwell-beingに対する評価尺度としてよく用いられるのは人生満足度です。[5] 具体的には、「だいたいのところ、わたしの人生は理想に近い」といった項目で一次元的に人生に対する満足感を測定します。何が満足の対象なのかは人によって異なるため、とりあえずその人が楽しく満足した人生を送れているのかどうかを測定しようとする尺度になっています。実は、心理学の世界では、ヘドニズムの well-being を向上させることはそれほど推奨されない場合もあります。個人が満足すればそれでよい、というのが自己満足的にとらえられる場合があるからです。鈴木先生というロボットの「存在」のありがたさを噛みしめて、自分が持続的に満足しながら生きていくのは、そう悪いことでもないと筆者は思うのですが…… 次に、もう一つのエウダイモニズムという考えをみていきます。

(2) エウダイモニズムという思想

エウダイモニズムの起源はアリストテレスのニコマコス倫理学にあります。彼の記述では、「われわれの達成しうるあらゆる善のうちの最上のものは何であるだろうか。名目的には、たいがいのひとびとの答えはおおよそ一致する。すなわち一般のひとびとも、たしなみのあるひとびとも、それは幸福(エウダイモニア、eudaimonia)にほかならない[6]」と書かれてあります。すなわちエウダイモニアは、人間が達成する最上のものであるということです。ご存知のとおり、アリストテレスは理性や道徳性を重視したため、心理学分野では、エウダイモニズムは、個人の満足を重視するヘドニズムと対立的に考えられることがあります。しかしながらアリストテレスは快楽がよい人生に不必要であるとはしていません。むしろ快楽のみをよい人生としたヘドニズムに対し、人間としての理性や成熟といったほかの要素を統合した、という理解の方が適切です。特に、アリストテレスは性善説の立場をとっており、人間には努力や学習によって開花できる潜在的な徳が生まれつきあると考えています。こういった潜在的な人間の能力を十全に発揮できていることがエウダイモニアなのであり、そういう人生がよい人生なのだといいたいわけです。

少し抽象的なので、より具体的にエウダイモニズム的な well-being の要素を見ていきます。エウダイモニズムの well-being 尺度には、リフ[7]の六次元があります（表8-1）。自己を受け入れコントロールし、人生の目的をもちながら周囲の環境と調和していけることが強調されています。確かに、これらの要素には、単純な満足ではなく、コミュニケーションスキルや自己成長に対する動機づけといった、いわゆる理性や道徳に関する人間らしい能力の発現が表れています。

どんな人生がよい人生なのかは究極的には個人が決めることなので、あくまで一つの参考資料であるとは思います。ただ、ロボットに支配されずに技術とうまく付き合っていけることを望むのであれば、「自律性」をもちながら「環境の統制」ができ、技術に振り回されることなくみずからの「人生の目的」を見据えて「個人的（に）成長」しつづけるということはある意味、well-being の要素として的を射ているかもしれません。たとえば、ツイッターで自分のことをつぶやいて他者からのフィードバックを期待したり、ラインで常に誰かと連絡を取り合う人が多いのも、「自己受容」や「ポジティブな対人関係」が、多くの人にとっての well-being であるからなのでしょう。ネットやスマートフォンに限らず、高度な技術とじょうずにつきあうことで、自身の well-being

表８－１　eudaimonic well-being の六次元

自己受容	自己に対するポジティブな態度をもっている；よい性質も悪い性質も含め、自己の多様な側面について知っており、受け入れている；過去の人生についてポジティブに感じている
ポジティブな対人関係	他者とのあたたかく、満足のできる、信頼できる関係をもっている；他者との快適な生活に関心がある；強い共感、愛情、親密性を感じる能力がある；人間関係の譲り合いを理解している
自律性	自己決定的で独立している；ある方法で考え、行動するという社会的な圧力に抵抗できる；内側から行動を調整できる；自分の基準で自己を評価できる
環境の統制	環境を扱う能力があり、統制のセンスがある；外的な活動の複雑さをコントロールする；周囲の機会を効果的に用いる；個人的必要性や価値に応じて文脈を作ったり選択できる
人生の目的	人生の目的があり、志向性のセンスがある；現在と過去の人生に対して意義を感じている；人生に目的を与えるという信念がある；生きることに対するねらいや問題をもっている
個人的成長	持続的な発達を感じている；自己を成長し、拡大していくものとして捉えている；新しい経験に対して開かれている；自分の潜在性を実現するセンスをもっている；自己に改善点を見出し、時間をかけて行動する；自己の知識や効力をもっと反映させるように変化しつつある

を効果的に高めていく「技」がこれからは必要になりそうです。

余談ですが、フロムの著作である「よりよく生きるということ」の英語の題名は『*The Art of Being*』です。Being は「所有」に対する「存在」を意味していて、Art は「技」という意味です。つまり、「存在」を志向する生き方ができる「技」の重要性を主張しているのです。いかに技術が先行する世の中であっても、技術に振り回されず、技術を「存在」として見る視点をしっかりともち、well-being を高めていく「技」を身につけることは、今の時代においてはますます必要なのではないでしょうか。

ロボット化社会のなかで well-being をどのように高めるのか

ヘドニズムの well-being を重視する人もいるでしょうし、エウダイモニズムの（いくつかの）要素を重視する人もいると思います。いずれにしても、そのような well-being を充足させている人は、いったいどのような人なのでしょうか。「所有」と「存在」の志向性は哲学的な理論ベースの話でしたが、心理学分野では、well-being が高い人の特徴を調べることで、どのように well-being を向上できるのかを調べた実証研究があります。

バウアーら[8]は自伝的物語に注目し、well-being との関連を調べています。自伝的物語とは、人生に起きるさまざまなできごとを、どのように意味づけて内在化しているのかという解釈のプロセスを表します。たとえば、「大学合格」というイベントは共通していても、「努力がやっと実った」という成長体験として意味づける人もいる一方で、「人に○○大学生だと自慢できる」という地位獲得のイベントとして解釈する人もいます。そういった過去のできごとをどのように解釈しているのかが、現在の well-being に関連することが明らかになっているのです。

彼らの結果によると、過去のできごとの重要性が、金銭や社会的地位などの外在的なものではなく、個人的成長や価値ある対人関係、社会貢献などの内在的なものにある、と考えている人は、ヘドニズムの well-being も、エウダイモニズムの well-being も高いことがわかりました。ここで重要な点は、過去に経験したできごとの客観的な種類ではなくて、個人がそれをどう思っているのか、という認識の仕方が、現在の well-being と関連していることです。過去の最高のできごととして、「教師になれたこと」という人は複数います。しかし、そのできごとの意味を、「人の上に立つ地位の高い職を獲得できた」と語る人よりも、「他者の成長を支援し、自分も一緒に成長できる職に付けた」と語る人の方が、well-being が高いということです。前者は、フロムの言い方をすれば、「所有」の生き方を志向する人で、後者は「存在」を志向する人、ということになります。フロムの理論が実証されているわけです。

金銭の獲得など外在的なものは偶発的である場合もあり、束の間で消失する表面的な満足度しか得られないことが多いのです。宝くじに当たった際の喜びや、新しいロボットを「所有」したときの幸福感は、単調な日常に比べれば、確かに衝撃が強く、ポジティブな気分が極度に高まります。しかし、そのような劇的な変化は一時的なものにすぎず、結局のところすぐに慣れてしまって、幸福感は持続しません。実際に、お金や地位などの外在的なものへの関心の強い人は、個人的成長や対人関係など本来備わっているものの「存在」を無視してしまうため、心理的適応が低くなることも明らかとなっています[9]。

ロボットの場合はどうなのでしょうか。先ほどの例のようにロボットは「所有」の対象となってしまうため、結局は well-being の向上には貢献できないのでしょうか。すでに何度か述べたとおり、その限りではありません。「今日、僕の家にロボットが来た」という客観的なイベントが同じであっても、それをどう解釈するのかはわたしたち個人の心のもち方で決まるのです。陽太は鈴木先生から物のたいせつさを学び、同時に、鈴木先生を宿題代行マシーンとして使おうともします。これは一見、鈴木先生が陽太にどう接するのかで決まりそうなものですが、バウアーらの研究が示すとおり、現象から意味を引き出すのは人間です。残念ながら、過ぎてしまった過去そのものは変えられませんが、幸いなことに、あとから違う見方をしたり、新しい意味を見いだすことがわたしたち人間にはできます。陽太が鈴木先生に宿題をさせようとして、ヒロトに叱られたとしたら、そのときは不満が残るだけでしょうが、そのできごとの意味を陽太はあとから考え直すことができるのです。いつまでたっても、「ロボットは便利な道具のはずなのに、どうして役立たないんだ！」と考えるのでは不満の蓄積は止まりません。そうではなく、ロボットとのやりとりを通していかに自分が成長したのか、ヒロトの真意は何だったのか、そういった自己成長や人間の心的能力を顧みて考えることがwell-beingの向上につながるのだと思います。

これだけでは、少し抽象的なので、もう一つwell-beingに関連する解釈の仕方を紹介します。この解釈はエウダイモニズムのwell-beingのうち、特に「個人的成長」にかかわる解釈です。過去のできごとをできるだけ多様な視点でとらえ、葛藤する視点をできるだけ統合的に解釈している人は、自分の成長を実感できる「個人的成長」のwell-beingが高いことがわかっています。鈴木先生に宿題をさせようとして親に怒られたとしても、それがどうしてなのかについて、さまざまな視点で考えてみる、ということです。自分はこう思っている、相手はそれをだめだという、この葛藤はどうして生まれるのか、そしてどう解決できるのかについて深く考えてみるのです。人間はどうしても自己中心的に、そして自分にとって辻褄の合うようにしかものごとを見ようとしません。そういった自己中心的な視点や自己対他者という葛藤を乗り越えて、多様かつ統合的な視点をもとうとするほど、自分はこれからもどんどん成長できる「存在」であると認識できるようになるのです。

これから実現されるロボット化社会において、わたしたちとロボットのつきあい方も、実は非常に多様になっていくのだと思います。技術が先行すれば人間が支配されるというような、そんな単純な物語ではないはずです。新しいスマートフォンやパソコン、あるいは高度な運転支援システムのついた自動車を、もし自分が手に入れたとしたら、それは自分にとってどのような意味があると思いますか。人に自慢したい、というのもあると思いますが、それらの技術を使って、自分のwell-beingをそこなわず、もっと充足させていくためには、どのように自分の心のもち方をコントロールできるのか、自分自身でしっかり考えて準備することが大事なのだと思います。

第9章

ロボットの社会的価値を考える

~家族・莉子、ヒロト、サクラ、陽太編~

「鈴木先生が死んだらどうなるの？　おじいちゃんのときみたいにお葬式するの？」

突然の陽太の質問に、ヒロトもサクラも莉子も驚いた。鈴木先生はベランダで洗濯物を取り込んでいる。

「鈴木先生が壊れたら、いつでも高橋先生が修理してくれるから、そんな心配しなくていいんだよ」

と、ヒロトが答える。でも陽太は納得していない。

「でも、いつまでもずっといるわけじゃないでしょ。ロボットだって人間だって、いつかは死ぬんでしょ？」

ロボット葬（ロボット用の葬式）を含めて、ロボットをどの程度人間扱いするべきなのかについては、さまざまな議論が行われてきた。自分のロボットに愛着を感じるあまり、産業廃棄物として扱われるのが耐えられないという人もいたし、そういった過度な擬人化こそが問題だという意見もあった。ロボット技術が高度になるにつれて、単なる部品の集まりとは言いきれない存在になってきたのだ。現在ではとりあえず、ロボットを廃棄物として回収する業者もいるし、役目を終えたロボットを供養してくれる施設もある。

「そうね、ロボットもいつまでも永遠に生きているってわけにはいかないわね。もし陽太がお葬式してあげたいって思うなら、ちゃんとしてあげられるのよ。家族の一員だもんね」

「ふーん。鈴木先生も天国にいくの？　鈴木先生は善いロボットだけど、悪いロボットはやっぱり地獄にいくのかな？」

「悪いロボットってどんなロボット？」

今度は莉子が陽太に尋ねた。

「ほら、戦争で爆弾を落として人を攻撃するやつだよ。こないだテレビで訓練やってたよ。あれは悪いロボットだよね？」

大人三人は陽太の質問に、どう答えていいのかわからず、しばらく黙りこんでしまった。ロボット技術は世界中で、さまざまな形で使われている。一般家庭のサービスロボットであったり、工場の産業用ロボットであったり、極端な場合、軍事的なものも確かにある。**しかしどのロボットも同様に高度な技術の産物なのであって、ロボット自体に善悪があるというよりは、人間の使用目的が違うだけなのである。**

「確かに何かをむやみに壊したり、人を傷つけるのはよくないな。でも古い建物を壊すときに、人間が手にハンマーをもって壊してたらきりがないだろ？　そういうときにロボットに手伝ってもらうのはいいんじゃないのか？　もちろん安全な場合に限るけどね」

「でもそんなことしてたら、そのうち悪い人がそのロボットを使って世界征服とかしたりしないかな？」

「そうだな、それは確かに困るよな。**すごい性能があるロボットほど、悪用されたら超極悪ロボットだもんなあ**」

「ちょっと、変に怖がらせないでよ」

サクラが小声で文句を言った。

「あはは、大丈夫だよ。陽太はそんな風にロボットを使わないだろ？」

＊　＊　＊

外見だけでなはく、機能の面でも、ロボットがますます人間に近づいてきています。人間はもともと、コンピュータなどのメディアを人間扱いしやすい傾向がありますが[1]、ロボットを人間扱いすることで、さまざまな倫理的な問題も出てきています（第4章参照）。人間がロボットを人間扱いすることは悪いことなのでしょうか？　また、よいロボット、悪いロボットとはいったいどのように決まるのでしょうか？　このような価値の創出については、仏教哲学に非常に参考になる理論があります。仏教というと、古臭い、と感じる人がいるかもしれません。しかしながら、ロボットと仏教は、実は深く関連しあっているのです[2]。ロボットのもつ価値がどのように決まるのか、その点についてこの章で見ていきたいと思います。

「三性の理」と善・無記・悪

二〇一五年四月、総理大臣官邸の屋上で無人航空機のドローンが見つかり、同五月には長野市善光寺の境内に、同じくドローンが落ちました。事故につながるケースも出てきたので、その後、ドローンに対する規制強化が相次ぐことになります。このように「悪」だと思われる現象が出現する

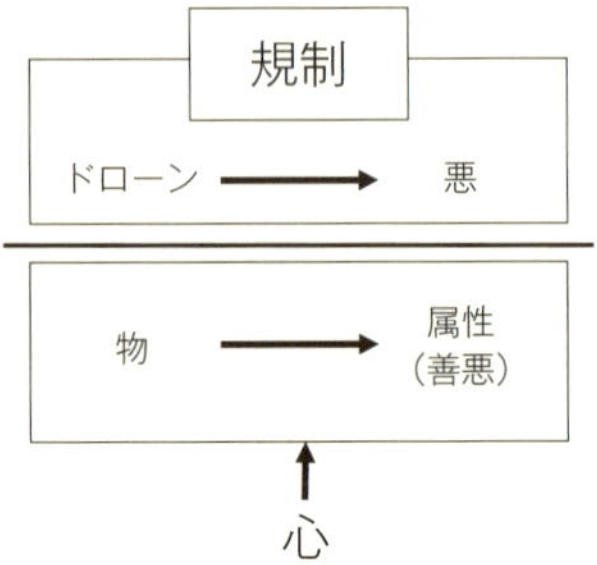

上は、ドローンに悪という価値がくっついているので、それを規制しようとする試み。下は、物に価値をくっつけているのは、実はそれを見ている人間の心であることを示しています。

図9－1　心が投影する物の属性図

と、しばらくして法的規制がしかれるというパターンは、今や常態化しているように思えます。技術が進歩するにつれて規制は増え、社会にはますます閉塞感が漂ってきているのに、事態は一向に改善されてきません。

よく考えてみると、これは、規制さえすればそれでよいという姿勢そのものに、落ち度があるからなのです。通常わたしたちは善悪というものが、陽太が「悪いロボット」と表現したように、自分の外部の対象にくっついて存在している、と考えています。しかしながらこれは大きな間違いで、善悪は実は人間の心の側に原因しています（図9－1）。そうであるにもかかわらず、悪は物（この場合はドローン）の属性だと思い込んでいる誤解が、事態を悪化させている根源的な理由なのです。この誤解を解かない限り、ロボット工学者が善意に基づき苦心して開発した高度な技術の産物が、結果として、その可能性が制限されていくという現状は改まらないと考えられます。

ロボットの場合も、現状のまま進めば、このような常態化した誤解に巻き込まれることは必至です。筆者はなんとかしてこの誤解を解きたいと望んでいます。

幸いなことに、仏教教理に「三性《さんしょう》の理」というのがあり、これを適用すれば根本的な解決がもたらされると考えています。仏教というと、宗教というイメージが強いかもしれませんが、そういったいっさいの偏見はいったん脇に置いていただいて、次の節に進んでいただければ幸いです。仏教は確かに宗教として広く知られていますが、宗教的信仰の対象というよりは、適応的に生きていく智慧を教える理論と実践の哲学です。次の節から、三性の理とは何かを見ていきたいと思います。

無記

三性の理の「三性」とは善、無記、悪、三つのことです。わたしたちは日常、さまざまな対象に対して、善とか悪という価値を見いだしています。しかも、こういった価値の付与は、ほとんどの場合、無意識的に行われていると思います。たとえば、人間に危害を加えるようなドローンは悪、ペットロボットのような人を楽しませるロボットは善、といったように、善か悪かの二つだけを用いて対象を見ていることが多いのです。しかし三性の理では、それに「無記《むき》」という概念を加えて、三つで論じている点に特徴があります。

無記とは、善悪以前の状態であるとか、善悪を問題にせず善悪を超えた状態のことを意味します。無記の記とは、これはよいから○、これは悪いから×、というふうに印をつけることを意味します

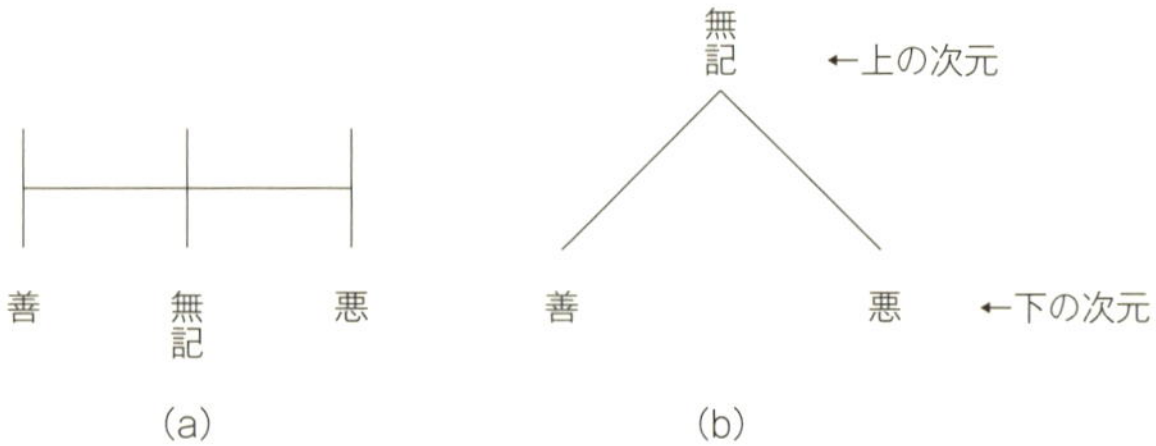

図9－2　直線思考(a)と三角思考(b)[3]

が、無記はそのようなことはしないという意味です。念のためですが、仏教辞典などを引くと、無記とは単に、「善でも悪でもないもの」と出ているので、早合点して、善と悪との中間とか、あるいは「価値がない」という意味に取られる場合も少なくありません。しかしながらそうではなく、無記は、善や悪といった価値が創出される次元よりも上の、いっさいの前提や意味を取り払った上位次元の概念だという点が重要です。

それを図示すれば、図9-2のようになります。ここで、もしも無記を善悪の中間として把握してしまうと、無記を善・悪と同じ次元でとらえる直線思考（a）となってしまうので注意が必要です。無記を考える際には、（b）のような三角思考でなければ、三性の理を役立つように把握することはできません。すなわち、善と悪とは互いに反対の価値をもつ概念で、これを下位次元に位置させるのです。その上で、無記はそれとは異なった上位次元に位置させます。西洋哲学の言い方を借りれば、無記とは、善・悪両者をアウフヘーベンした上位次元のものと見ることもできます。アウフヘーベンとは、対立命題（善・悪はその一例）だけでは解決できないものを、より上位の視点へ昇華させて、対立概念の双方を対立しないものとして説明可能にする哲学的姿勢で、ヘーゲルの弁証法の用語です。

善・悪だけでは、双方は対立したまま互いに相容れず、国際関係にも見られるように、停滞するしかほかにありませんが、無記という新たな上位概念を導入したことで、問題解決へと向かうことが可能になるのです。

肝心な点は、三性の理では、わたしたち見る側の者の「こころ」をたいせつな要因として取り上げているという点です。落ち着いて静かに内省してみると、「善悪という価値は、認識しているわたしたちの心が対象へ投影しているのであって、それはわたしたちの心と独立して外部に実在するものではない」ということが判明すると思います。

するとドローンは悪い、規制はよいという判断は、短絡的で間違ったものであることがすぐにわかります。確かにドローンで劇薬をまくぞ、と脅迫することは悪であるし、ドローンのカメラで他人のプライバシーを侵すのも悪です。しかし一方で、ドローンを使って荷物を配送するのは、買い物が困難な人にとっては善に違いないし、鈴木先生のように困っている人の手伝いをするロボットは善になります。すなわち、ドローンなどのロボットそのものが善もしくは悪なのではありません。ロボットを使う人間が善悪を付与しているのです。ロボットそのものは本来、無記なのであり、わたしたちの使い方次第で善にも悪にもなるということです。

ドローンに対する規制強化とは、無記であるロボットの悪の面だけを見て、それを排除しようとする動きといえます。しかしながら規制をかけて悪を排除すれば、善だけが残ると考えるのは間違いです。ロボットは無記であり、さらには悪がなければ善も生じません。悪を排除することは無記のハタラキを排除することであり、善も何も残らなくなります。そしてこのことは、あらゆるものについて成立します。なので、ロボットに関してもまったく同様であって、悪をしでかそうとする人が存在する限り、ロボットの悪用はなくならないのです。

規制を重ねるごとに、善にも悪にも転換できる無記（ロボット）のハタラキはますますそこなわれてしまいます。厳重なルールがよい社会を実現するという固定的な考えを推し進め、規制を強化し続けた果てには、社会の動きが停滞し、わたしたちの活力は消失しつづけるでしょう。ロボットそのものは善にも悪にも転じうることを知り、ロボットという無記を善に転じる作法を実践するなかでこそ、ロボットの可能性が最も生きるのです。悪を除去することが善になるのではけっしてありません。

無記の扱い方は人間の心が制御しています。こころが整っていなければ、無記であるロボットはいかようにも悪に転じてしまいます。きちんとこころが整っていれば、無記を善として扱うことができるのです。また、悪が善に転じるのであれば、むろん、善も悪に転じることになります。さらには悪性が高いものほど、転じた際の善性は強く、善性が高いものほど、転じた際の悪性も強くなります。鋭利なメスは人を救い、鋭利なドスは人を殺します。同様に、ロボット技術が高度になれば、人を助けも殺しもするでしょう。それは無記のハタラキが強いからなのです。いずれにおいても人の心のあり方が重要となります。

そこでロボティクス関係者には、悪い使い方がされないように努めることが責任の一つとして要求されることになります。そのためまずは、ロボットの使い方に関する作法を確立しなければならないし、さらに、ユーザ（広くは関係者）の心を練り上げるように努力しなければいけないことを忘れてはいけないと思います。

転

このように善悪は心の所産であることがわかれば、悪に出会った場合でも、その本質である無記に立ち帰って、それが善なるハタラキを表すように切り換え、再使用するという巧妙なことが可能になります。これを、悪を善に転じるということで「善転」とよびます。その善転のさせ方について説明します。

コピー機の開発に一生懸命工夫をこらしていた人がいましたが、なかなかよい案は浮かばず、気分転換にとＣＤ（当時でいうレコード）を聞きました。そして、聞き終わったＣＤを机の上に置いたとたん、静電気のせいでほこりがＣＤ一面についてしまったのです。ＣＤにほこりがつくというのは、通常は「ＣＤの面が汚れた」という悪になります。しかしながらコピー機の開発を終始考え抜いていたその人にとっては、「ＣＤがほこりで汚れた」という現象が、「プラスチック板の上に静電気の力で黒い粉が付着した」という無記なる現象に見えたのです。そこで、静電気の帯電をコピーしたい文字の形にし、トナーを振りかけ熱で固定させれば、コピー機ができるとひらめきました。これで、悪が善へと転じて出現することになったことになります。

実はこの話はフィクションですが、話の表面にとらわれずに善転に注目して考えてみてください。CDにほこりが付着したという現象であっても、単にほこりがついて汚れたと悪に解釈するだけで終わるのか、コピー機の開発という善へつなげるのかは大きな違いです。この違いを生んでいるのが、心の練り上げなのです。悪の現象を無記としてとらえ、善転させるのは、こころのもち方ひとつです。悪→無記→善というプロセスを通して善転が可能になるのです。人間は心が練り上げられれば、ふつうには悪と思われている失敗に対してさえも感謝の念が湧き、その失敗現象の中に大発見や大発明の種を見つけられるようになります。このとき、初めて善と悪を自在に転換することができるのです。このことを悪が転じて善になったと言います。悪は悪のまま終わるのではなく、わたしたちのこころのもち方で、いくらでも善にすることができる、これは三性の理の大きな功徳《くどく》なのです。

こころの制御

しかしながら、高度なロボット技術を前にして、さあ善転せよ、と言われてすぐにできるものではありません。便利なロボットが出てくれれば、ついつい悪用してしまうこともあるかもしれません。ロボットの価値をできるだけ善という形で出現させるために、もう少し具体的な実践法について説明をしてみます。

善転を実践するためには、冷静で落ち着いた心が必要となります。怒り（あるいは喜び）で心に波風が立っていては、無記を見いだすことはむずかしいのです。仏教では、精神や肉体に対する最大の三つの害悪を「三毒」といい、貪《とん》（貪欲、足るを知らない飽くなき欲望）、瞋《しん》（怒り）、癡《ち》（無知）としています。怒りは無記の発見を妨げてしまいます。怒らない修行をすることは重要なのです。

坐禅は感情を静めるのに効果的です。坐禅をしなくとも、坐禅の際と同じような生理状態を心がけることである程度の効果は期待できます。腹式呼吸をし、息を短く吸い、長く吐き出す。怒っているときは心拍数が上がり、呼吸の感覚が短くなっています。息を少し短く吸い、長く吐き出すことを繰り返せば、こころは自然と落ち着きます。こころの乱れは呼吸の制御と関連しているのです。

第２のステップは、悪の現象を無記のレベルでとらえなおしてみることです。たった今自分がきれいに拭いた机の上に誰かが水をこぼしたとしたら、「水をこぼされた、汚された」として悪が出現するでしょう。しかしながら客観的に見れば「水が机に付着した」という現象であり、それ以前に自分がきれいに掃除したことや誰かが不用意にコップを扱ったことなどは、その現象そのものとは独立です。みずからの都合や関心からいったん離れ、悪を無記として記述することで、怒りの気持ちは静まっていきます。

対象に対する心地よさやいやな感じというのは、認識主体の関心や欲望によって簡単に左右されるものです。急須に入ったお茶の葉はなんとも思わない一方、流しに捨てたとたんに気持ち悪いと感じてしまいます。自分の頭に生えている髪の毛はなんとも思わないのに、抜けてお風呂の壁にへばりついたとたんに嫌悪感が出てきます。こういう風に簡単に印象が変わってしまうのは、わたしたちの主観的な関心のもち方に原因があるからです。自分の悪口をいう人がいても、悪口をいうなんてひどい人だと怒って悲しむのではなく、今鼓膜が数秒振動した、と無記的に記述すれば、自分の心が不用意に乱れることはありません。

ロボット幸学の実現

ロボットを人間扱いするのはよいことなのか、ロボットを暴行するような使い方は倫理的によいことなのか、ロボットの軍事利用はどこまで許容されるのか、そういった問題はこれからどんどん出てくると予想されます。しかしながら、この章で見てきたように、そのような事柄を問題化しているのは、わたしたち人間の方なのです。ロボットそのものに善や悪の価値はありません。わたしたちがロボット善悪の水掛け論をしている横で、ロボットたちは我関せずと言わんばかりに知らん顔しているだけです。わたしたちがロボット技術の善悪を問う際に、ロボット自体が無記であることを忘れ、善悪の下位次元だけで問題を問い続けることが、ますます事態を混乱させ、修復困難な状態を次々と生んでいることに気がつかないといけないと思います。

ロボット技術は自然と調和する人間社会の幸せを願って、一生懸命研究されてきたものです。それがいつのまにか環境汚染や資源枯渇に拍車かけるような使い方をされているのは、実に悲しいことです。産業革命以来、人間は思い上がり、師である自然を材料と見くだしてやってきたことを反省しないといけません。技術が生み出した核は東日本大震災以来、人間がもてあます技術となっています。筆者らは、技術そのものは無記でありますが、人間がコントロールできない技術はうっかりすると悪になってしまうので、手を出してはいけないと考えています。ただ、核を排斥すればいいかというと、これも悪という片方だけを見て排除するということになります。よく考えてみると太陽は核の力で輝いているのです。すなわち、核も生物に命を与えるという意味では神様であり、拝む対象でありますが、人間がいいかげんに扱うものではありません。

仏教的にいえば、あらゆるものには仏性《ぶっしょう》があります。技術の豊かさや便利さという表層的な善だけを享受し続けたわたしたちは、それを忘れて仏である物を材料にしてしまったところがあります。繰り返しになりますが、そこは改め、物は合掌の対象であり、利用するものではないことに気づく必要があります。本当に人の幸せ、ひいては世界と人間の調和を願うロボット幸学を実現したいのであれば、研究者は技術だけをとりあえず開発したり、プログラムするだけではなく、根本的な意識としての哲学を自力でもつような思索をすることが必要になります。さらには、技術を扱う作法（善転）をユーザへ明示し、ロボットの価値を積極的によい方向へもっていく責任があります。また、一般ユーザである人々は、ロボットのもつ価値を、初めから決められたものだとは思わずに、自分のこころをコントロールして善転させるという実践的な視点をもつことが望まれます。

エピローグ

自動運転や人工知能といった、革新的な技術が急速に発展してきています。一般家庭においても、人工知能を搭載した自走式の掃除機や、人と会話できるスピーカー型のロボットが普及しています。鈴木先生のようなヒューマノイドが家庭に入るのはまだまだ先のことになりそうですが、非常に人間らしいロボットや、人間以上の運動機能をもったヒューマノイド（バク宙ができるそうです、わたしはできません）もすでに実現されているようです。その中で、ロボット技術の軍事利用に関する議論や、インターネットセキュリティに関する法律の制定など、技術をどのように活用すべきかについても注目が集まっています。

田中家と鈴木先生の日常生活のなかには、技術的課題や、倫理の問題、ロボットと人間の社会的関係に関するできごとなど、多種多様な視点を盛り込んだつもりです。それほど、ロボット化社会を考えるには、さまざまな分野からの学際的なアプローチが必要になるからです。工学、心理学、哲学、社会学といった、多様な視点から同じ問題をとらえることで、読んでくださったそれぞれのみなさんの心のなかに、新たな問題も浮き上がってきたかもしれません。

たとえばここで問題を一つあげてみると、本書はロボットと人間の関係を考える多様なアプローチを紹介したものの、それらを上位の次元で統合できる知の創出には至っていないという点があります。それぞれの章での議論は、各分野で精緻に吟味された濃い内容のものとなっていますが、これから、ロボット技術にかかわる研究をしているわたしたちがやらなければいけないことの一つとしては、これらの知見を本当に学際的なものとして、まとめあげていくことです。今の段階でももちろん、相互の議論は時に密にかかわり合ってはいますが、各分野の相関図を描いた段階であるとも考えられます。この相関図を俯瞰して、ロボットと人間の適応的で持続可能な関係性を実現するための、新たな枠組みを創出してくことが今後の展望です。

関連して、技術が進歩し続けるなか、人間の心は経済性や利便性に翻弄され、最悪の場合、その事態に気づいてすらいないのではないか、といった問題もあります。人間自身が技術のもつ価値や意義を考えることを放棄したとき、技術開発がどのような功罪を生むのかは火を見るより明らかです。技術者も、ユーザも、技術一般に対して常に反省的でいることはもちろんですが、このような話は一般的な道徳ととらえられることが多く、学術的にどう取り組むのかも一つの課題です。また、わたしたちは人間だけで地球に存在しているのではなく、人間以外の動物や生物、自然環境も含めた持続可能性をどう実現するのかが、ますます社会問題となっています。ロボット技術の進歩を通じて、人間が自身の存在だけではなく、物や自然に開かれた意識を醸成することができるのかどうかも、今後の課題となります。

どのようなロボット化社会を望むのかは、個々人がしっかり考えておく必要があると思います。

それは、どのような政策を望むのか、どの企業を支援するのかという点で、ひいては社会づくりの一端となるからです。本書がそれを考えるための情報の一助になれば幸いです。

解説

日本ロボット学会の安心ロボティクス研究専門委員会の成果として、ロボット幸学の本を出すことは大変意義があると思います。元大阪大学新井健生教授や名古屋大学上出寛子特任准教授が、ロボット博士であり哲学者である森政弘先生を師として本委員会を主宰され、人の社会におけるロボットの安心とは何かを求めて研究されてきました。いろいろな分野の人が集まり、楽しい議論をしてきましたが、途中で三浦郁奈子さん（産総研）を事故で亡くしたのが惜しまれます。

わたし自身もロボット研究に限らず、常日頃、研究には個・環境・相手の三位一体型でサイズやレベルと関係なくマルチスケールのロボット研究を進めることが重要と思ってきました。ロボットが知能化し、さらにヒトと賢く相互作用でき、さらにヒトの社会に受け入れられるようにとの思いで、国際会議ＩＲＯＳ（International Conference on Intelligent Robots and Systems, 1988）やＲＯ-ＭＡＮ（International Symposium on Robot and Human Interactive Communication, 1992）、ＡＲＳＯ（Workshop on Advanced Robotics and its Social Impacts, 2005）を創設して広く世界の英知を集めて議論をしてきたつもりであります。Emotion もヒトの情動認知行動とかかわり、褒められたヒトが仕事をよくできるのと同様に Emotional Sensation でロボットによる仕事がはかどるのもヒト・ロボット社会学的におもしろいです。

このスタンスで研究を続けてきた身として、この本は、知能サービスロボットである鈴木先生、田中家、両者のいる環境としての家庭の三位一体のなかで、ロボットがいる未来社会のありようを問うものといえ、内心挑戦的と思いながら、自然な流れであり、楽しくかつおもしろく思います。安全工学、信頼性工学はすでに世の中では体系化されてきましたが、安心を中心とした学問はまだ始まったばかりであります。そこで、この委員会がこの本を世に問うのは、安全ではあるが安心できないという漠然とした課題について、工学的、社会学的、心理学的、倫理学的、仏教哲学的な多面的側面から「ロボット安心学」をまとめた本といえます。ロボット個体を作るには工学的知識を活用し、人との相互作用をするには心理学的側面を多用し、社会環境に受け入られるためには社会学、法律などに基づく社会制度の設計が必要になります。車社会の点検制度・保険制度などはその例であります。安全認証、安全規格から安心規格のガイドラインが望まれます。

自動車は東京オリンピックでの自動運転の実証の場になり、ますますロボット化の傾向にあります。Googleカーなど移動ロボットが街を自由自在に走り回っている姿を想像すると、これらの社会制度導入の先例になります。センサによる自動運転レベル4で安全といわれても今ひとつ安心感が問題になります。

さらにロボットが三位一体型で自分や相手を異なる環境下で学習して、ヒトを上回るSingularityの世界を二〇年後に予測しても、過去のPerceptronやPDP理論*（1987）、現在のDeep Learningをもってしても、とてもその結果をメタ化できません。ロボット三原則があるにしても、それでも、そこにヒトは人としての尊厳と漠然とした将来のあいまいさと不安感をもっているのではないでしょうか？

ロボットがヒトにとって「幸い」となるか、「不幸」となるか、これからの平坦路から階段上り下り、砂利道を行く正念場になります。ぜひ「幸い」となるように期待します。

＊注

＊　Parallel Distributed Processing 理論、いわゆるニューラルネットワークをさす。

引用・参考文献

第 2 章

［1］ Satake, S. et al.（2009）. How to Approach Humans?：Strategies for Social Robots to Initiate Interaction. *ACM/IEEE International Conference on Human-Robot Interaction (HRI2009)*, 109-116.

［2］ Shi, C., Shiomi, M., Smith, C., Kanda T., and Ishiguro, H.（2013）. A Model of Distributional Handing Interaction for a Mobile Robot. *Robotics: Science and Systems Conference (RSS2013)*

［3］ Morales, Y. et al.（2012）. How Do People Walk Side-by-Side?：Using a Computational Model of Human Behavior for a Social Robot. *ACM/IEEE International Conference on Human-Robot Interaction (HRI2012)*, 301-308.

［4］ Kitade, T., Satake, S., Kanda, T., & Imai, M.（2013）. Understanding Suitable Locations for Waiting. In IEEE Press（Eds.）, *Proceedings of the 8th ACM/IEEE International Conference on Human-robot interaction*, 57-64.

第 3 章

［1］ Simmel, G.（1900/1990）. *The Philosophy of Money*. 2nd Ed., London: Routledge.（ジンメル，G. 居安正（訳）（2016）貨幣の哲学（新訳版） 白水社）

［2］ Rotter, J. B.（1970）. Generalized expectancies for interpersonal trust. *American Psychologist*, *26*, 443-452.

［3］ Luhmann, N.（1968/1979）. *Trust and Power*. Chichester: Wiley.（ルーマン，N. 大庭健・正村俊之（訳）（1990）信頼 — 社会的な複雑性の縮減メカニズム — 勁草書房）

［4］ Arrow, K.J.（1974）. *The Limit of Organization*. Norton.（アロー，K. J. 村上泰亮（訳）（2017）組織の限界 筑摩書房）

［5］ Stanford University（2017）. Nobel Prize-winner Kenneth Arrow dise. Image credit: L.A. Cicero. https//news.stanford.edu/2017/02/21/nobel-prize-winner-kenneth-arrow-dise/（2019年4月1日）

［6］ Jones, K.（1996）. Trust as an Affective Attitude. *Ethics*, *107*（1）, 4-25.

［7］ Holton, R.（1994）. Deciding to Trust, Coming to Believe. *Australasian Journal of Philosophy* , 72（1）, 63-76.

［8］ The Guardian（2015）. *Google to begin testing purpose-built self-driving cars on public roads*. Photoglaph by Google.https://www.theguardian.com/technology/2015/may/15/google-testing-purpose-built-self-driving-cars-public-roads（2019年5月27日）

［9］ Lee J. D., See, K. A.（2004）. Trust in Automation：Designing for Appropriate Reliance. *Human Factors*, *46*（1）, 50-80.

［10］ Parasuraman, R., & Riley, V. A.（1997）. Humans and Automation: Use, Misuse,

Disuse, Abuse. *Human Factors*, *39* (2), 230-253.
［11］ 笠木雅史（2018）．機械・ロボットに対する信頼　小山虎（編）　信頼を考える（pp. 230-252）　勁草書房
［12］ Parasuraman, R., & Miller, C. (2004). Trust and Etiquette in a High-criticality Automated Systems. *Communications of the Association for Computing Machinery*, *47* (4), 51-55.
［13］ Chen, T. L., King, C-H., Thomaz, A. L., & Kemp, C. C. (2011). Touched by a Robot — An Investigation of Subjective Responses to Robot-initiated Touch. *Proceedings of the 6th International Conference on Human-robot Interaction*, 457-464.

第 5 章

［1］ Cunningham, M. R. et al. (1986). Measuring the physical in physical attractiveness：Quasiexperiments on the sociobiology of female facial beauty. *Journal of Personality and Social Psychology*, *50*, 925-935.
［2］ Cunningham, M. R. et al. (1990). What do women want?: Facial metric assessment of multiple motives in the perception of male facial physical attractiveness. *Journal of Personality and Social Psychology*, *59*, 61-72.
［3］ Lorentz, K. (1943). Die angeborenen Formen moglicher Erfahrung. *Zeitsch. f. Tierpsychologie*, *5*, 235-304.
［4］ 大坊郁夫（2000）．顔の魅力と認知 — 社会心理学的展望 —　日本化粧品技術者会誌，*34* (3), 241-248.
［5］ 森　政弘（1970）．不気味の谷　Energy（エッソ・スタンダード広報誌），*7*（4）33-35.
［6］ Kamide, H., Kawabe, K., Shigemi, S & Arai, T. (2014). Relationship between familiarity and humanness of robots：quantification of psychological impressions toward humanoid robots, *Advance Robotics*, *28* (12), 821-832.
［7］ Ekman, P. et al. (1969). The repertoire of nonv bor: Categories, origins, usages, and coding. *Semiotica*, *1*, 49-98.
［8］ McNeill, D. et al. (1985). So you think that gestures are nonverbal? *Psychological Review*, *92*, 350-371.
［9］ Kamide, H. et al. (2014). Nonverbal behaviors toward an audience and a screen for a presentation by a humanoid robot. *Artificial Intelligence Research*, *3* (2), 57-66.
［10］ Matarazzo, J. D. et al. (1964). Interviewer head nodding and interviewee speech durations. *Psychology: Theory, Research and Practice*, *1*, 54-63.
［11］ 川名好裕（1986）．対話状況における聞き手の相づちが対人魅力に及ぼす効果　実験社会心理学研究　*26*, 67-76.
［12］ Hall, E. T. et al. (1966). *The hidden dimension*. Doubleday & Company.（ホール，E. 日高敏隆・佐藤信行（訳）(1970) かくれた次元　みすず書房）
［13］ 西出和彦（1985）．人と人との間の距離（人間の心理・生態からの建築計画）建築士と実務，*5*, 95-99.

［14］ Sommer, R.（1969）. *Personal Space: The behavioral basis of design*. Prentice-Hall Inc.,.（ソマー，R. 穐山貞登（訳）（1972）人間の空間 ― デザインの行動的研究 ― 鹿島研究所出版会）
［15］ Kamide, H. et al.（2015）. Implicit Nonverbal Behaviors Expressing Closeness by 3D Agents. *Proc. International Conference on Social Robotics*, 306-316.
［16］ 一井 翔・上出寛子・小嶋 勝・前 泰志・新井 健生（2016）. 非言語動作の実ロボットへの実装 第34回日本ロボット学会学術講演会予稿集，1W3-03.

第 6 章

［1］ Clack, A.（2003）. *Natural-Born Cyborgs: Minds Technologies and the Future of Human Intelligence.* Oxford University Press.（クラーク，A. 呉羽 真・久木田水生・西尾香苗（訳）（2015）生まれながらのサイボーグ心・テクノロジー・知能の未来 春秋社）
［2］ 久保明教（2015）. ロボットの人類学 ― 20世紀日本の機械と人間 ― 世界思想社
［3］ Lyon, D.（2001）. *Surveillance Society*：*Monitoring Everyday Life.* Open University Press（ライアン，D. 河村一郎（訳）（2002） 監視社会 青土社）
［4］ Brynjolfsson, E. , McAfee, A.（2011）. *Race Against The Machine*. Lightning Source Inc（ブリニョルフソン，E.・マカフィー，A. 村井章子（訳）（2013） 機械との競争 日経 BP 社）
［5］ 国会図書館（2018）. 人工知能・ロボットと労働・雇用をめぐる視点（平成29年度 科学技術に関する調査プロジェクト）国立国会図書館
［6］ 江間有沙・秋谷直矩・大澤博隆・服部宏充・大家慎也・市瀬龍太郎・神崎宣次・久木田水生・西條玲奈・大谷卓史・宮野公樹・八代嘉美（2016）. 育児・運転・防災活動，どこまで機械に任せるか ― 多様なステイクホルダーへのアンケート調査 ― 情報管理, *59*（5), 322-330.
［7］ ロボット創造学入門（2011）. 広瀬茂男 岩波書店
［8］ Tufekci, Z.（2014）. Failing the Third Machine Age: When Robots Come for Grandma. Medium. https://medium.com/message/failing-the-third-machine-age-1883e647ba74（2019年5月27日）
［9］ 江間有沙（2019）. AI 社会の歩き方 化学同人
［10］ Singer, P. W.（2009）. *Wired for War: The Robotics Revolution and Conflict in the 21st Century*, London:Penguin Books.（シンガー，P. W. 小林由香利（訳）（2010）ロボット兵士の戦争 日本放送出版協会）
［11］ 日本学術会議（2012）. 科学・技術のデュアルユース問題に関する検討報告 http://www.scj.go.jp/ja/info/kohyo/pdf/kohyo-22-h166-1.pdf（2019年5月27日）
［12］ 日本学術会議（2017）. 軍事的安全保障研究に関する声明 http://www.scj.go.jp/ja/info/kohyo/pdf/kohyo-23-s243.pdf （2019年5月27日）
［13］ 弥永真生・宍戸常寿（編）（2018）. ロボット・AI と法 有斐閣

第 7 章
［1］ 杉浦一機（2001）．知らないと損するエアライン〝超〞利用術　平凡社
［2］ 国土交通省九州地方整備局　交通安全事業の取り組み①交通事故の現状 http://www. qsr. mlit. go. jp/n-michi/ir-info/anzen-taisaku/kouan_01. pdf（2019年4月26日）
［3］ 新井健生・上出寛子・福田敏男（2015）．ロボットの社会的価値を高める安心感　第33回日本ロボット学会学術講演会予稿集．
［4］ Lee, J. D., See, K. A.（2004）. Trust in Automation：Designing for Appropriate Reliance. *Human Factors*, *46*（1）, 50-80.
［5］ Slovic, P.（1987）. Perception of Risk. *Science*, *236*, 280-285.
［6］ Kamide, H., Kawabe, K., Shigemi, S., & Arai, T.（2015）. Anshin as a concept of subjective well-being between humans and robots in Japan. *Advanced Robotics*, *29*（24）, 1-13.
［7］ 上出寛子（2012）．ヒューマノイドロボットに対する心理的安心感評価　上出寛子ホームページ　http://kamidehiroko. jp/other. html（2019年4月26日）
［8］ Kamide, H., Arai, T.（2017）. Perceived Comfortableness of Anthropomorphized Robots in U. S. and Japan. *International Journal of Social Robotics*, doi. org/ 10. 1007/s12369-017-0409-8
［9］ 新井健生他（2017）．ロボットに対する安心感の日米中比較　第35回日本ロボット学会学術講演会
［10］ 高坂美紀（2006）．売れる色の法則　秀和システム

第 8 章
［1］ Fromm, E.（1989）. *The art of being*. Continuum Intl Pub Group（Sd）.（フロム, E. 小此木啓吾（監訳）堀江宗正（訳）（2000）　よりよく生きるということ　第三文明社）
［2］ Ryan, R. M. et al.（2001）. On happiness and hu-man potentials: A review of research on hedonic and eu-daimonic well-being. *Annual Review of Psychology*, *52*, 141-166.
［3］ Schwartz, S. H. et al.（1987）. Toward a universal psychological structure of human values. *Journal of Per-sonality and Social Psychology*, *53*, 550-562.
［4］ Kahneman, D. et al.（Eds.）（1999）. *Well-Being: The Foundations of Hedonic Psychology*. New York: Russell Sage.
［5］ Diener, E. et al.（1985）. The Satisfaction With Life Scale. *Journal of Per-sonality Assessment*, *49*, 71-75.
［6］ アリストテレス　高田三郎（訳）（1973）　ニコマコス倫理学　岩波書店
［7］ Ryff, C. D., & Keyes, C. L. M.（1995）. The Structure of Psychological Well-Being Revisited. *Journal of Personality & Social Psychology*, *69*, 719-727.
［8］ Bauer, J. J. et al.（2004）. Growth goals, maturity, and well-being. *Developmental Psychology*, *40*, 114-127.
［9］ Sheldon, K. M. et al.（2006）. Achieving sustainable gains in happiness: Change

your actions, not your circumstances. *Journal of Happiness Studies*, *7*, 55-86.

第 9 章

[1] Reeves, B. et al. (1996). *The Media Equation: How People Treat Computers, Television and New Media Like Real People and Places*. Cambridge：Cambridge University Press.
[2] 森　政弘 (2014). ロボット考学と人間　オーム社
[3] 森　政弘 (2011). 退歩を学べ — ロボット博士の仏教的省察 —　佼成出版社

コラム 1

[1] Shibata, T., Wada, K. (2011). Robot Therapy：A New Approach for Mental Healthcare of the Elderly. *Gerontology*, *57* (4), 378-386.

コラム 2

[1] 厚生労働省政策統括官（統計・情報政策、政策評価担当）（編集）(2016). 平成28年国民生活基礎調査　4 介護表 第2巻 第16表　厚生労働統計協会
[2] 消費者庁 (2018). 御注意ください！日常生活での高齢者の転倒・転落！ — みんなで知ろう，防ごう，高齢者の事故 ① — https://www.caa.go.jp/policies/policy/consumer_safety/caution/caution_009/pdf/caution_009_180912_0001.pdf (2019年5月31日)

コラム 3

[1] 福田　司・中内　靖・野口勝則・松原　隆 (2006). 自律移動ロボットとタッチパネルを利用した調理作業支援システム　日本機械学会論文集（C 編）*72* (716), 1215-1222.

コラム 4

小池昭男・輿石 健 (2001). ヒューマノイドロボット ASIMO のデザイン　*Honda R&D Technical Review*, *13*, 7-16.
重見聡史・川邊浩司・中村 孝広 (2012). 新型 ASIMO の開発 — 自律機械の実現 — Honda R&D Technical Review, 24, 34-41.
Shigemi, S. (2019). ASIMO and humanoid robot research at Honda. In Goswami, A., Vadakkepat, P. (Eds.), *Humanoid robotics: a reference* (pp.55-99). Berlin: Springer.

コラム5

［1］ 総務省（2015）．平成27年「情報通信に関する現状報告」（平成27年版情報通信白書） 日経印刷

［2］ オリックス・リビング（2018）．第11回「介護に関する意識調査」 https://www.orix.co.jp/grp/company/newsroom/newsrelease/181101_ORIXG.html（2019年4月24日）

コラム6

［1］ World Robotics - Industrial Robot Report 2018 published（https://ifr.org/ifr-press-releases/news/global-industrial-robot-sales-doubled-over-the-past-five-years）, IFR（International Federation of Robotics）, 2018. 10

［2］ 安川電機百周年事業室（編）（2015） 安川電機100年史 安川電機

［3］ 岡久 学（2015） 人協調ロボットの取り組みについて 日本ロボット工業会機関誌「ロボット」, *223*, 15-19

■執筆者一覧

横井一仁	国立研究開発法人産業技術総合研究所	1章
神田崇行	京都大学大学院情報学研究科社会情報学専攻	2章
小山虎	山口大学時間学研究所	3章
笠木雅史	名古屋大学教養教育院	3章
新妻実保子	中央大学理工学部精密機械工学科	4章
大坊郁夫	北星学園大学・北星学園大学短期大学部	5章
江間有沙	東京大学未来ビジョン研究センター	6章
新井健生	編者	7章
上出寛子	編者	プロローグ，5章，8章，9章，エピローグ
柴田崇徳	独立行政法人産業技術総合研究所知能システム部門	コラム1
和田一義	首都大学東京システムデザイン学部	コラム1
飯尾尊優	筑波大学システム情報系	コラム2
中内靖	筑波大学システム情報系	コラム3
重見聡史	株式会社本田技術研究所	コラム4
塩見昌裕	ＡＴＲ知能ロボティクス研究所	コラム5
安田賢一	株式会社安川電機（執筆時）	コラム6
福田敏男	編者	解説

■編者紹介

上出寛子（かみで・ひろこ）

大阪大学人間科学部人間科学研究科卒業。博士（人間科学）。大阪大学特任助教，東北大学助教を経て，現在，名古屋大学特任准教授。日本ロボット学会の安心ロボティクス研究専門委員会幹事，ロボット哲学研究専門委員会委員長を務める。現在は両委員会が終了し，引き続き，ロボット考学研究専門委員会を立ち上げ，委員長を務める。大阪大学総長奨励賞，日本ロボット学会研究奨励賞などを受賞。1980年生まれ。

新井健生（あらい・たつお）

東京大学大学院工学系研究科情報工学専攻修了。博士（工学）。工業技術院機械技術研究所研究員・室長，大阪大学大学院基礎工学研究科教授を経て，現在，電気通信大学客員教授，北京理工大学教授，大阪大学名誉教授。日本ロボット学会フェロー，日本機械学会フェロー，IEEE フェロー。ロボットの機構と制御，知能化，安心ロボティクスの研究に携わる。1952年生まれ。

福田敏男（ふくだ・としお）

東京大学大学院工学系研究科修了。博士（工学）。通産省機械技術研究所主任研究官，東京理科大学助教授，名古屋大学教授等を経て，現在，名城大学教授，早稲田大学特命教授，北京理工大学教授。適応制御，自律分散ロボット，マイクロ・ナノロボット等の研究に従事，原著論文等2000編以上。IROS（知能ロボットシステム国際会議）等多数の国際会議を立ち上げる。日本学術会議会員，日本工学アカデミー会員，中国科学院外籍会員等を歴任。紫綬褒章，中日文化賞，中国友誼賞，など多数受賞。IEEE 次期会長。1948年生まれ。

今日、僕の家にロボットが来た。
－未来に安心をもたらすロボット幸学との出会い－

2019年9月10日　初版第1刷印刷
2019年9月20日　初版第1刷発行

定価はカバーに表示してあります。

編著者　上出　寛子
新井　健生
福田　敏男

発行所　(株)北大路書房
〒603-8303　京都市北区紫野十二坊町12-8
電話（075）431-0361（代）
FAX（075）431-9393
振替　01050-4-2083

装幀／野田　和浩

印刷・製本／亜細亜印刷（株）

ISBN 978-4-7628-3079-2　Printed in Japan